JN044426

天真体道

体で学ぶ宇宙の意識

青木宏之

地《ち》湧《ゆう》社

刊行にあたって

一般財団法人天真会事務局長　吉田晶子

「天真体道」は、武道家・ボディアーティストである著者青木宏之師が、一九六〇年代に「新体道」（旧称）として創始した武道的体技です。長年の時を経て、多くの稽古人とともに培われてきたこの体技文化の継承と、さらなる開発・発展を目指して、これまでの稽古体系のすべてを統合し、現在では総称を「天真体道」として活動を展開しています。

この体技が生まれた六〇年代は、高度経済成長期の真っただ中でした。世界情勢が大きく変化するとともに、人々の意識が外に向けて大きく開かれていき、暮らしが豊かになっていく一方、生産性第一でスピード優先、知識偏重が著しくなっていった時代でもあります。

そのような時代にあって青木師は、乖離《かいり》してしまった人間の「体・心・意識」を一つにつなぎ、人間の本来もつ自然性をよみがえらせるための「体技」を全力で追求し、型や形で表現してきました。

時代は変化し続け、今日では、「体・心・意識」の統合から、さらに大自然との融和へと、人々の意識が広がりつつあるのを感じます。

中国の禅僧、大梅法常《だいばいほうじょう》は、自然の摂理とともに歩んでいくさまを「随流去《ずいりゅうこ》」という言葉で表現しました。「天真体道」もまさにそうありたいと願っています。

新たなステージの始まりにあたり、師が七十年以上にわたる体技人生の経験を通して得た「天真」の思想を、「天真体道」の実技の解説とともに一冊の本として出版する運びとなりました。

「天真体道」が多くの方々に愛されますように。

二〇二三年三月

＊「天真会」は「天真体道」の運営母体です。

目次

はじめに――体はすべてを知っている

私たちの体はもっとも身近な自然といえよう。体はそのままで、すでに自然そのものである。

体という「道具」を使うことは本来とても楽なことである。生まれて間もない赤ちゃんの手のひらに指を乗せるとギュッと握り返す。我々がその握り方で刀を持つと、実は理想的な握りになる。

我々の体は動物のように自然の叡智をもっている。体はすべてを知っているはずなのだ。それなのに、我々は何かと考え過ぎて、体のもっている叡智を邪魔している。成長するに伴い身につけた知識や意識が、体（自然）を束縛し、本来もっている体の自然な動きを制限していることが多いのである。

人間以外の生物は皆、自然のなかであたりまえのように生きているではないか。人間だけが勝手に悩み苦しんでいる。

それは人間が「我《が》」をもっているからである。「我」は、自分自身への執着から生まれる。

天真体道は体を使い、体を開発し、さらには体を超えていく。力みは一種の「我」であり、その「我」を捨て、「我」を超えていく。体をもって生まれた私たちが、体を使い、体に感謝し、体を超える。それこそが、次なる進化への道なのではないだろうか。

私の武道人生の始まり

私は子どもの頃から美へのあこがれが強烈にあった。美しい花や綺麗な織物など、われを忘れて見入っていたものである。そして絵を描くことがとても好きだった。高校時代には図書館で読んだ万葉集に魅せられ、その一方で、ドイツの詩人・哲学者であるニーチェを読み始めた。彼の諸作品にのめり込み、自分の知識をもっと広げたくて、当時盛んに刊行されていた世界文学全集を読みふけるようになった。そして、聖書の教えに出会い、激しい自己改革を体感した。

演劇に興味をもったのもその頃で、当時、横浜市中区の伊勢佐木町にあった「横浜演劇研究所」に入会した。と同時にいくつかの美術研究所にも入り、高校卒業後は演劇と美術の勉強に打ち込んだ。

その二年後、大学に入学すると同時に空手部に入部した。以前に空手の記録映画を見て、空手が体づくりによさそうだと思っていたからだった。

そこに師範として現れたのが、空手界に大革命を起こした江上茂先生だった。

師は戦前、世界に冠たる情報機関陸軍中野学校の初代校長を務めた秋草俊陸軍少将の直属の部下で、空手の術科教官を務めていた。私に情報収集の大切さや方法も教えてくださり、ひたすら日本の国を愛し、教養豊かで優しい人であった。

師は武道家というより思想家であり、武道に求めていたのは空手という手法を通して人間の能力を開発することであった。

師の指導を受けるようになって、私の武道人生が明確な形で始まったのである。

技を通して真理を追究する

師は、自分が習ってきた流儀にまったく固執せず、どんどん新しいものを取り入れ、利く技を追究していた。師の指導、稽古は毎回変化し、それらの技は日進月歩で開発されていった。まだ未開発であった空手の技から、よりよいものを生み出そうとする師の姿、その求道心に私は魅せられた。

このような江上先生との日々の稽古のなかで、ある時、今まで学んできた古今東西の文学や芸術家たちの創造理論、旧約聖書、新約聖書などすべてが自分の体技と一つにつながり、武道および武道的な体技で真理の追究ができることを悟った。

全力投球で技を通して真理を追究する、そんな青春時代を過ごしたのである。

私が体技稽古で長年かけて確信したこと、それは「人間の精神は体技を通して激しく覚醒し、天地宇宙と一体になることができる」ということだ。

体で得た気づきを言葉において伝えることは至難の技である。しかし我々は皆同様に、宇宙からこの素晴らしい体を授かっている。肉体をもち、自然のなかで生かされている。我々人間は生まれながらにして、天地宇宙とつながっている存在なのである。ぜひ、自らの体で理解を深めていただきたい。

イメージの力と稽古の日常化

天真体道はイメージの力を非常に大切にしている。イメージ力が、技や型の追求を助け、天真体道の基盤となっている天真思想の理解を助ける。イメージすることで自ずと潜在意識へ導かれ、意識の覚醒がどんどん深まっていく。すると、同時に筋肉の凝りや固まりによるブロックが解消され、滞っていた気が一気に流れ始め、すべての問題は自分の意識の在り方であり、自分で作り出したものであることに気づくのである。もうそこには感謝しかない。

そして、稽古中に得た自由な感覚や解放感は、日常生活に生かさなければ、定着しない。これを「稽古の日常化」という。日々の暮らし、生活のなかで絶えず自分を見つめ（内観）、体（体技）で得た解放感や真理を定着させてこそ、心身一如の気づき（覚醒）が得られるのである。

このことに気づくことで人生が開かれる人がたくさんいるのではないだろうか。道を求め、より充実した人生を送りたい、前向きに進みたい、よりよいものを開発したい、一生懸命生きて命を輝かせたい等々。このように願う方々に、本書が気づきへの道標として少しでもお役に立てるならと思い、拙筆を奮った次第である。

あなた自身の頂上を目指して

臨済宗の禅では「公案」という修行者を悟りに導くための問いがある。それを解くことにより、自分の内にある仏性に気づくことが大事なのである。本書には答えを示している箇所も一部あるが、あくまでも方向を示しているのであり、読者の皆さんにはそれぞれの道を求め、それぞれの答えを見つけ出してほしいと願っている。

いわば、何千メートルもある高い山の登り方について書かれた本のようなものである。私がすべきことは、頂上への道筋を皆さんに教えることであり、ケーブルカーで頂上まで一気に運ぶことではない。山登りの楽しさや喜びは、自分で周りの自然を観察しながら、自分の力で一歩一歩頂上に達することである。そしてそこには、それぞれの頂点があってよい。ぜひともあなた自身の山登りをエンジョイしていただきたい。この道に集う方々が、天真体道を体で学び、心身ともに解放され、本来の自分を生きていただけるようにと願っている。

第一部　天真体道とは何か

雪の羽黒山にて（2008 年 2 月）

第一章　天真体道とは

道に生きるための体技

「天真」とは、全宇宙すなわちこの世に存在するすべての物を創り、すべてのなかに満ち溢れている宇宙エネルギーのことである。
「体道」とは、その天真を体で追究する道である。

したがって「天真体道」とは、天真と一つである自分の体を通して真理を追究する体技であり、道である。

天真のなかで道とともにあり、道とともに生きることで、我々は自ずと本来もっている自然性や神性に目醒めることができる。

「天地人々ワレ一体」

天真体道の基盤となるのが天真の思想であり、その根幹を成すのが「天地人々ワレ一体」という言葉である。

我々は個（ワレ）として存在しているが、家族、地域、社会、国家、世界、地球、ひいては大宇宙の営みのなかで生かされている。大宇宙、地球という大自然と我々人間一人一人はまったく一体の存在なのである。

我々の体の中を考えても、すべては自然そのものが造り出したものである。我々も自然の一部の存在として自然を尊び感謝して生きなければならない。

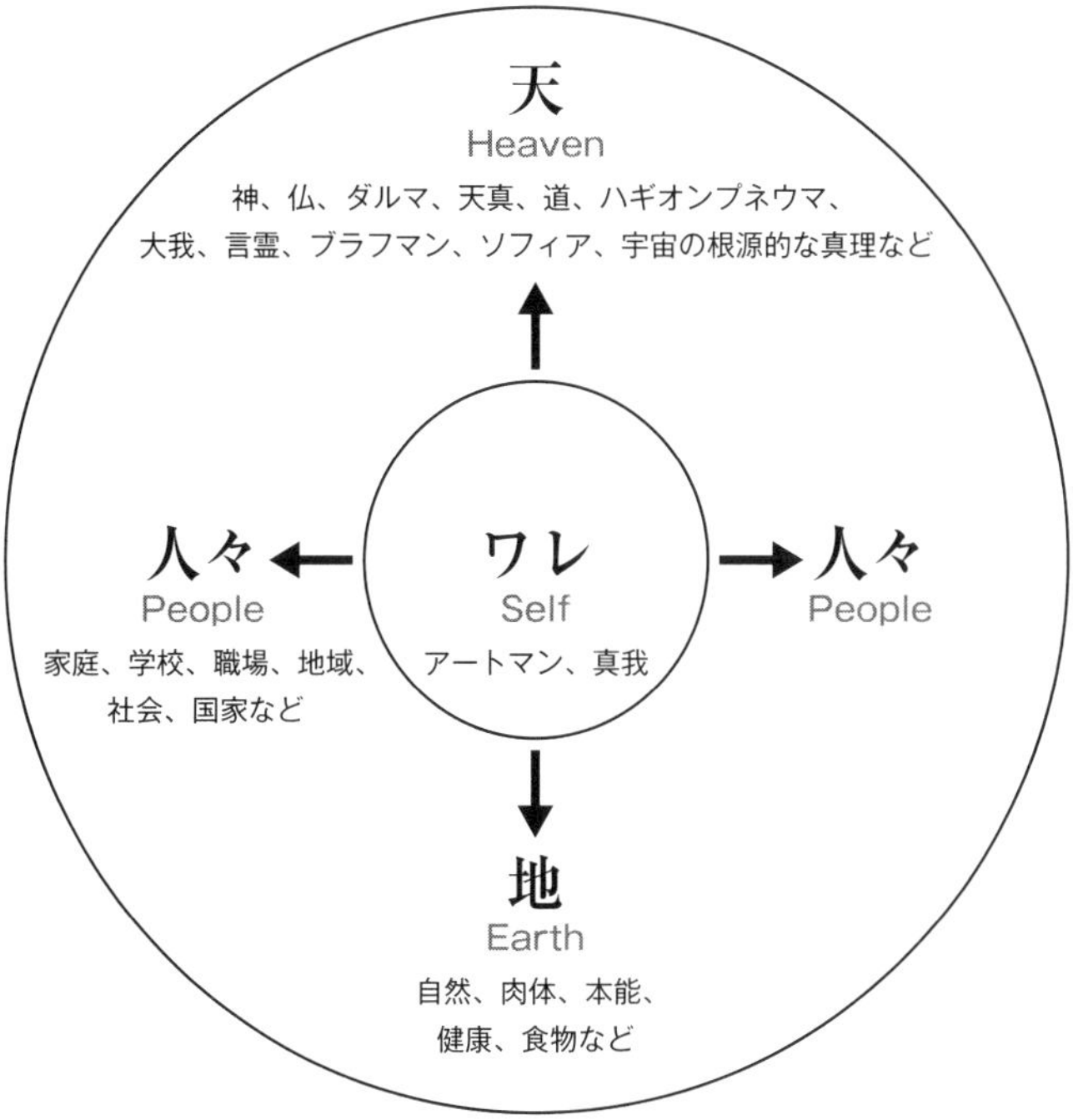
天
Heaven
神、仏、ダルマ、天真、道、ハギオンプネウマ、
大我、言霊、ブラフマン、ソフィア、宇宙の根源的な真理など
人々
People
家庭、学校、職場、地域、
社会、国家など
ワレ
Self
アートマン、真我
人々
People
地
Earth
自然、肉体、本能、
健康、食物など

したがって、自分の体を大切にするとともに、当然他者をも大切にし、自然環境も含めてすべてを大切にすること、それが道を歩むことの出発点である。

天真体道を学ぶ人たちの稽古の目的とは、大宇宙とそこに満ちる天真のエネルギーと融和すること、それにより真の自由を獲得し、人々と相和して生きることである。そしてその天の自由をもっている人たちは、その「気」の産物である愛をもって社会への奉仕をしなければならない。奉仕をすることによって自らの愛や喜びも成長し、成熟するのである。

ただし、忘れてはいけないのは、宗教哲学や精神世界で歴史に残る先哲には非常に優れた人たちが多いということだ。私が感銘を受けた先哲たちの教えは本書の第二部「天真体道の思想」で、できるだけ紹介した。彼らから学ぶべきことは、終わりがないほどにたくさんある。

健康と魂の浄化、成長を目指し、この天真思想をガイドとしつつ、そして何よりも楽しみつつ、どうぞ一生やりつづけていただきたい。型を通して学ぶことで、それらが教えてくれる叡智に感動しつづけるに違いない。

厳寒雪中滝行（青木宏之、木曽新滝）

第二章　天真体道における基本的な考え

天真体道における「武道」の意味

「武道」には剣道、柔道、弓道等あるが、これらは明治以降に使われてきた名称である。それ以前（奈良時代から江戸末期）は武士が戦いのために身に付けた格闘の技術である剣術、柔術、弓術等を総称して「武芸・武術」と呼んでいた。

では、そこには「道」の心がないのかというと、そうではない。かつての多くの武人たちも真剣に「道」の心を求めていたはずだ。当然のことながら、これまでにおこなわれていた武術の流儀は一〇〇も二〇〇もあったであろうから、時代の区分や闘技の盛衰等により、そのあたりは明確に整理することなどできない。

しかるに「武道」は明治時代以後、名前に道と付いているが、今ではスポーツ化されてしまって、究極的には格闘技とほぼ変わらない。

一方、天真体道は、見た目は武道と同じような型や技を多く使っているが、道の学び、真理の学びには妥協なく稽古が進められている。

天真体道の稽古では、技を使う際に「利く」ということが重要視される。詳しくは後述するが、これが武道との最も近い共通点である。

しかし天真体道では、一般の武道でよくいわれる「身を固める」「脇を締める」「下腹に力を入れる」といったことはおこなわない。古武道のように、歴代の宗家の教えを厳重に守るという方針をとることもしない。天真体道では一つ一つの技が常にその目的に適合するように最高の効果（利く）をもたらすことを絶対的に重視し、進化し続けている。

突き一つをとっても、撃力、爆力、徹力、貫通力などあり、その効果はまったく異なる。撃力とは体の表面に与える激しい力であり、爆力は相手の体の中に入った力が体内で爆発するような力、徹力は相手の体を突き通し背骨にまで達するような力、貫通力は相手の体内のどこにも留まらず体の後方へ突き抜けるような力である。たとえば貫通力はボディに座布団を当て、そこを突いて相手を倒せるかどうか非常に厳しい検証をおこなっている。

天真体道はその型や技の一つ一つに思想が込められている。諸武道と型は極似していても内容はまったく異なり、似て非なるものである。柔術、空手から学んだ体技を基礎にしているが、その型、技を用いて人間性が開かれ、解放感を得ることができる。天真体道は、自らの精神性を高め、健康な生活を送るための手段として、老若男女誰もが簡単にできるように体系づけ、発展させ創始したものである。

天真体道は体技とともに、精神の世界にもフォーカスする。天真体道には、徹底的に純粋な自己を確立していく方向性をもった技が多くある。また、自己を無にして他者と融け合い、一体化しようとする技も多い。組んだ相手を心から尊重し、しかもその相手とお互いに融和し、融和させて一体となって動くのである。相手を倒すのではなく、ぶつからず、相手を生かし、ともに歩む。

わかりやすく言えば、相手をやっつける、征服するなどというような力や技や思想は皆無である。自己を確立させ、真の自立を達成し、その上で他者とのつながりのなかで生きる。

天真体道は実技的な習得だけではなく、稽古そのものが自分の道であり、自分の生き方であり、自分の在り方であることを常に意識しながら研鑽していくためのものである。

ただし、古武道諸流派の創始者たちは、たとえ豊かな言語表現をもち合わせていなかったとしても非常に優れた肉体哲学をもっていた人が多い。そこは謙虚に学ばなければいけない。

気の操作による組手（青木宏之、2019 年）

「型」の学び

天真体道を含め、「道」とはすべてこの宇宙の大いなる命、大いなる意思（意識）、大いなる法則に私たちが一〇〇％同化し切ることとの学びであると考える。

この「大いなるもの」というのは、あらゆるものの「命の命」であり、これが人間に宿ったり、犬や猫になったり、木になったりするわけである。天真体道ではこの「大いなる意思と融合する大いなる命」を、体を使って学んでいる。

我々が心を人に伝えるには、言葉だけではなく、あらゆる芸術、工芸（美術、音楽、ダンス、歌など）によるさまざまな表現方法がある。姿がないものを人に伝える場合、「大いなるもの」やその思想すべてをひっくるめてカプセルに入れて伝える。そのカプセルを「型」と呼ぶ。

同じように体技でも、我々の思い、経験、愛情、思想、技術など非常に微妙なところまで「型」を通して伝えることができる。

深い稽古を続けていると次第にわかってくるが、体の一挙手一投足細部にいたるまで、まるでリレーのバトンのように、感情、思想、経験などが、「型」として伝えられていく。しかし、型はやはり型で、それをやってすぐに真理に到達できるものではない。

なぜなら、型には型の命があるからである。

では、型の命とは何か?

天真体道の場合、それは「動き」である。型だけがあっても、そこに生きている動きがないとだめなのである。武道や体技における型の命は動きである。しかし動きだけでは存在しないので型が必要であり、「型」と「動き」は二つで一体なのである。

ここで一つ付け加えるなら、「動き」の元になるものは人の「思い」である。

すべての仏像はムドラー（「印《いん》」ともいう。手や指で型を作るシンボル、ポーズのこと）を組んでいて、その形は種類も多く、それぞれ哲学的な意味をもっている。印はその仏の思い、すなわち宇宙観や仏世界を形象しているので、その印を結ぶということは、その宇宙観や仏世界を自らの体に現成することになる。

それと同じく、体技における型にもそれぞれ哲学的な意味があり、型をおこなうことを通して体技をさらに昇華させ、自らの体がその思想や哲学、世界観と一体化できるようになる。動きをもった形の稽古を通して、体全体を動くムドラーと化すことにより、真の自由を得て、自分の心のなかにも背後にも真に自由な世界を現成していくのである。

「利く」ということ

我々が武道の形を借りて稽古する場合、それは単なる表現ではなく、実際に体に利いているか、隙がないかなど、さまざまな条件が要求されている。

天真体道では命というものを、「型」による究極の「動きと技」を用いて伝えていくのである。

一つの技を出す場合、体の無駄な力みが瞬時に取れ、全身が統一され、心で思ったものと寸分たがわぬ動きをした時に「利く」という現象が起こる。

たとえば、全力をあげて突きかかってきた相手の腕を、力一杯払い除けるのではなく、ほんの五センチくらい払っただけで、床に昏倒させるほどに強い打撃を与えることができる。攻撃、あるいは反撃を受ける、という形で相手に働きかけた時、そこに信じ難いような効果が生じるのである。

我々の日常生活において、手などを柱に軽くぶつけたり、つまずいたりした時、打撃とともに激しい痛みを感じることがある。これもある意味「利いている」という現象といえよう。

型を学ぶうちに、「型」と「動き」が生きて一体となった時に出てくるのが「利き」である。「利き」こそ技の命である。

これを理解することが非常に大切である。したがって、自分を生かすも殺すも、人を生かすも殺すも、すべては「利き」にあるのだ。

稽古を通して学ぶことはすべて型のなかにあり、型をおこなう時は、そのなかに込められた命というものを読み取らなければならない。また、利かせるためには、正しい型、正しい動きを学ばなければならないのである。

技が利くということは心身が総合的に一体となったということであり、その技を通して自分の願いや志が具現化され、結実することである。たとえば、「突き」が利くということは、「突こう」というその人の意志、願いが具体的な形で（肉体を通して）成就することにほかならない。

逆に、利かない突きとは、突こうという願いや意志はあっても、それが完全な形で成就しないことを意味する。

したがって、技が利かないということは、その人が真理に近づこうと願っても、実際には近づき得ないことであり、神を愛しているつもりでも、愛していることにならず、隣人を愛したいと願っても、本当に愛することができないことになる。

本当に神を愛し、真理を求め、隣人に奉仕したいという願いが実りあるものとなるためには、技は絶対的に利いていなければならない。真に利く技が使えてこそ、初めて人々に働きかけ奉仕することが可能になる。

型と動きを正しく学び、それを深い瞑想のなかでおこなうことは魂を無限に昇華するための出発点でもある。だからこそ、型と動きを愛し、楽しく学んでほしいと願っている。

空手の型（青木宏之）

前蹴り（青木宏之）

回し蹴り（青木宏之）

江上茂『空手道　専門家に贈る』（1970年）より

「間」について

「間」には肉体的物理的な面からの考え方、心の面からの考え方との二つの解釈がある。

肉体的な意味での「間」をいうなら、向かい合った両者が互いの拳と拳を当てて押し合う時や、指と指を引っ掛け、引っ張り合った時等に緊密な関係が生じることがあり、この現象を「間が締まる」という。

芸人がステージで客席に向かって話をしている時、両者が興に乗ると強い一体感を覚えるものである。これも間が締まった関係が生じているといえよう。つまり、互いに押したり引き合ったりした時のある種の身体的、もしくは心理的な強い緊張関係が生まれてくる状態を間が締まるという。

「間」の操作に長けてくると、相手の体や動きを自由にリードすることができるようになる。極度に間が締まった場合も、反対に極度に間が抜けた場合も、ともに効果的に技をかけるチャンスが生じる。間が締まっている時や間が抜ける時は技をかけるチャンスなのである。

間を保ちつつ、相手の気の流れに合わせて動きを誘導することにより、一体感を得ることができ、さまざまな技をかけることもできる。すなわち、技を利かせることにおいて、「間」との関係性は必要不可欠なのだ。

重心を下ろす

重心を下ろすのは体勢の安定のためである。

棒を一本立てた場合、より地面近くにオモリをつけた場合と、上部につけた場合、当然オモリを地面近くにつけた方が安定する。円錐形や三角錐を考えてもらえば理解できるであろう。

直立している時、あるいは正座している時、頭頂部に集まっている意識を下に下ろしていくイメージをもつ。その時、大地の奥底＝地球の中心に向かって意識を下ろしていくと、それだけで重心が下がり、体が安定するものだ。イメージの力で体を操作するというわけだ。

遠くを見る

前方はるか一点を見つめ、そこに全神経

を注ぐことにより、集中力を強め、体全体を目的とする方向へ引っ張ることができる。これは野球でピッチャーがキャッチャーにボールを投げる時に、キャッチャーに向けて全神経を注いで投げることを想像するとわかりやすい。

天真体道では組手をおこなう際に、多くの場合、視線を遠くすることが求められる。これは互いの意識を相手の体の中にとどめず、通り抜けさせ、その先の次元へ吹き抜けさせるためである。

なぜ力んではいけないのか

力むとは、力が自然に流れていく方向を自分の意識でストップさせて、無駄な方向に拡散させる行為で、これは意識との関係性が非常に強い。

反対に力まない状態とは、目標に向かってすべての力が有効的かつ自然に流れていく状態を指す。

日常生活のありとあらゆる行動においては力むことが多々あり、それは体の使い方を意識的に工夫することで解決できる。

柔らかい体・柔らかい動き

サーカスの団員やアクロバットプレイヤーは、軟体動物のような信じ難いくらいの柔軟性をもった体をしている。しかし、天真体道でいう柔らかい体・柔らかい動きとは、海中のタコのようなクニャクニャした動きではなく、風に吹かれて飛ぶポプラの綿毛やガマの穂のようなフワフワした柔らかさを指す。

物質的な柔らかさだけでなく、精神の柔軟性をともなう柔らかさを求めているのである。

自然な動きとは

古武道では、「上体を直立させ、顎を引き、下腹に力を入れる」など具体的な動きや姿勢を、言葉を用いて教えている。しかし、天真体道では、ネコ科やイタチ科といった野生動物が戦う姿に見られるような、体のどこにも重心を置かない、自然な流れをもつ動きが求められる。

無理のない呼吸とは

我々は生まれた瞬間から生命維持のために、息を吸ったり吐いたりという呼吸運動を無意識のうちにおこなっている。

それは人によって、浅かったり深かったりとさまざまである。

無理のない呼吸とは、力まず、息まず、自然に流れていくような呼吸をいう。

体技で組手をおこなう際に、相手と「呼吸を合わせる」というが、これはお互いの呼吸や意識を同調させることであり、呼吸を合わせることにより相手との一体化をよりたやすくする。

天真体道流「ゾーンに入る」

人の体というのは全身の無駄な力を抜いて、ただ単に繰り返し激しくジャンプしたり、手を振り回したりするだけで、今までまったく知らなかった精神の開放が得られることがある。

たとえば、長距離ランニングやバレー、バスケットボールなどの球技をしていて、ある種の自分の限界を超えた時、「ゾーンに入る」「ランナーズハイになる」などといわれる解放感を味わうことがある。

天真体道でも、肉体の束縛から解放されることを「ゾーンに入る」と呼ぶ。稽古を通じ、体を使いながらその境地に入ることができる。日常生活から離れて、その状態に入った時、我々が天地宇宙とつながっている存在であることに気づき、覚醒することができる。

それをさらに身近なものにして、掌中の玉というように日常生活に取り入れて、市井に生きる聖者になっていただきたいのだ。

では、「ゾーンに入る」ためにはどのようにすればよいか。次の三点に気をつけるとよい。

一、「ゾーンに入りたい」というイメージ（方向性）を明確にもつ。

二、同じ動きを激しく繰り返す。

三、無駄な力みを捨てて動き、とにかく脱力する。どんな動きでも決して気張ったり力んだりせず、脱力した状態で続ける。

ある程度続けていると、ゾーンに入りやすくなることが実感できるはずだ。

なぜ「組手」をするのか

組手をすることで、自分を見つめ、他者を理解し、自分が自己満足の世界だけにい

ないかどうかを確認し、さらに前進することができる。これが創造のチャンスとなる。組手というのは生きることの学びである。

社会生活を送るうえでもっとも大切なことの一つは、他者といかにコミュニケーションを図ることができるかだ。

魂の浄化とは

魂は形としての実態はないが、働きはある。我々は、日々のなかで、ついネガティブな思いにとらわれた行動をとってしまうことはないだろうか。それらのエネルギーは肉体や心に蓄積され、心身に大きな影響を与えている。

天真体道の稽古では、まずは体から心に働きかける。それによって心が解放され、ポジティブ思考になり、大きな気づきがもたらされる。それが魂の浄化につながっていくのだ。

たとえ無限の自由な世界に到達しても、次の気づきがあり、さらにその次の気づきが起き、魂が発展していく。ゆえに、気づきがあってもそこに執着せず、留まらず、手放して次に進む。ここに魂の成長がある。これを天真体道では「天成抜界《てんせいばっかい》」と呼ぶ。

天真体道は、今生きている喜びを大自然に捧げ、整え、大いなる喜びをもって生きていけるように、すべての稽古を体系づけている。

真の「自由」とは

自由という言葉は、貧困からの自由、病気からの自由、不平不満からの白由、不幸からの自由など、好ましくないことから逃れることを意味している場合が多い。

一方、天真体道でいう自由とは、自分の命が解放され、思いきり人生の讃歌を歌えるような状態になることを指す。体に備わったさまざまな能力が思いきり解放され、生まれてきて良かった、生きていてよかったと心の底から言えるような状態になることである。

美醜、優劣などと比較するのは人間が作った価値基準であって、自然界にはまったく存在しないものである。

他者から束縛されるだけではなく、人はしばしば自分を他者と比較し、劣等感や敗北感をもつことで自分自身を束縛してしまう。誰もが個性をもって生きているはずなのに、その個性がかえって本人を著しく束縛し、限定づけてしまう。そうしたことから完全に抜け出し、まったく自由な精神世界を開くことを個性の解放という。

自由とは、さまざまな固定概念や価値観から解放され、命の輝きとともに真に幸福な状態になることをいう。自由を手に入れるためには、天真体道の稽古で得た体・心の解放感を、日常生活のなかでも絶えず意識しなければならない。

第二部　天真体道の思想

第三章　「天真」とは

「天真」はすべての源

三千年前に書かれた聖書の『詩篇』(1)には、「天は神の栄光を物語り大空は御手《みて》の業《わざ》を示す。昼は昼に語り伝え夜は夜に知識を送る」(19章2〜3節)とある。まことに「初めに、神は天地を創造された」(『創世記』(2)1章1節)である。

私は、学生時代にこの言葉に出会った時、そのスケールの大きさや、神々しさに度肝を抜かれた。それまで学んできた武道家たちの言葉で、これに匹敵するものはなかったのだ。

旧約聖書はユダヤ教、キリスト教、イスラム教の聖典である。天地創造主を現代風に言えば、大宇宙そのものであり、そこに満ちる大いなるエネルギーである。全宇宙から我らの命に至るまでの源といえるであろう。

太古インドでは大宇宙の無限の空間、無限の時間をアミターバ、あるいはアミターユスと呼んだ。それは「阿弥陀仏」と音訳された。

そして、そこに満ち、星々を創った大いなるエネルギーは光り輝くという意味で、「バイローチャナ」と呼ばれ、「毘盧遮那《ビルシャナ》」と漢訳されている。奈良の東大寺大仏で知られる「毘盧舎那仏」であり「大日如来」である。

今から一千年以上も前の、毎日田畑で牛馬と取っ組み合いながら作物を育てたり、海で網や銛《もり》で魚と格闘しながら貝を捕ったりして暮らす庶民に、大宇宙だ、生命エネルギーだと言っても通用しなかったであろう。だから言葉では語らず、それらを象徴化した仏像を造り、これを拝むようにと教えたのはむしろ賢明であった。

仏像を彫った人、彫らせた人は、偶像礼拝を勧めたのではなく、それが象徴している大宇宙を敬い、その理に従って生きるべきであると教えたのだ。

ちなみに、昔から世界諸国で呼びならわされてきた神、エホバ、アッラー、聖霊、気、空、無、道、ソフィア、ブラフマン、ダールマ、ハギオンプネウマ、天之御中主神《あめのみなかぬしのかみ》、宇宙神など、これらは、すべて大宇宙を創り上げた生命エネルギーのことである。

我々はこれらを総称して「天真」と呼ぶ。天真により、我々は命を与えられているのである。

（1）詩篇：旧約聖書に収められた百五十篇の神への賛美の詩。

（2）創世記：旧約聖書の最初に出てくる書物。

宇宙はバランスで成り立っている

　我々を取り巻いているものはすべて自然である。人工物だと思われがちなコンクリートやプラスティックですら元をたどれば自然のものから作られている。それらを取り巻く山も森も海もみな自然であり、大局的に見たら地球そのものが大自然である。そして、地球はあくまでも一つの星であり、銀河系を含む大宇宙から見たら実に微細な埃のような存在だ。

　ところで、我々を構成している基本的な粒子は原子である。原子は原子核とその周りを回りつづける電子で構成されている。そして、我々を取り囲む途方もなく大きな宇宙もまた、その軸を中心に、おびただしい数の星が回転しつづけている。

　太陽とその周りを旋回しつづける惑星の姿が、原子の構造とよく似ていることは実に興味深い。我々人間を小さな宇宙とみなすなら、宇宙そのものは大宇宙といえるだろう。我々はこの大宇宙の大いなるバイブレーション（振動）の元に生きているのだ。

宇宙は、このような回転運動、つまり求心力と遠心力のバランスで成り立っているといえよう。求心力と遠心力のバランスは、互いが強力に引き合ったり反発し合ったりする磁力のような関係に似ている。磁石のN極とS極は正反対の性格をもちながら互いを引きつけ合う。電気のプラスとマイナス、陰と陽、虚と実、攻と防、明と暗、彼と我《ワレ》、強と弱、男と女、心と体、右手と左手、右足と左足といった正反対や対の性質をもった言葉を合わせると、磁石のN極S極のような関係が起きる。一見対立しているように思えるものが一体となって働く所に新しい一つの命が生まれるのだ。

それがこの宇宙の法則である。

これは、仏教でいえば「華厳《けごん》」の思想に通じる。

「華厳」とは、大宇宙のなかに生かされている喜びと感謝を大いなるバイローチャナ（大日如来）に捧げることである。もともと華厳という言葉は、仏の座に様々な花を並べるという意味で、この花はほかでもない我々の感謝と喜びを表している。

天真体道と華厳の思想は相通じるものがあると、私は思っている。

天真体道は、大自然、大宇宙のなかで生かされていることを体技から学び（知り）、感謝と喜びを捧げる道なのである。

「華厳」青木宏之書（2010年）

第四章　道とともに在り 道とともに生きる

「道」とは

日本には武道、華道、茶道、香道など、道と名のつくものが多い。武道のなかにも柔道、剣道、弓道、空手道などがあり、一般では麻雀道、ラーメン道などという言葉もあるくらいに「道」という考え方が行きわたっている。

こうした学びの精神は日本の国民文化とさえいえるほどだ。

「道」とは老子のいう真理のことであるが、日本ではそこへ達するための体を使っての修行法のことも「道」と呼んでいる。

では「道」とは何なのか、それを得るにはどうしたらよいのか、それを得たらどうなるのか、また、どのようなプロセスを通って「道」すなわち真理に達するのか等々、すんなりとは答えられないのが普通だろう。「道」について、さまざまに考察を重ねてきた聖人賢者の言葉を交えて考えていきたい。

「道」の修行とは

「道」の修行の目的をひとことで言うと、全宇宙、すなわち大自然に満ちる大いなる生命エネルギーを全身で受けとめ、全天地と融和している真の自分の存在に気づくことである。その瞬間、心身の統一感、解放感、覚醒感、快感などが得られ、物事の真実が明確に見えるようになる。

では、一体どうしたらそうなれるのか。

身近によい例がある。スポーツではその状態を「ランナーズハイ」あるいは、超集中状態とも呼ばれる「ゾーンに入る」などという。また、禅や瞑想では「三昧《ざんまい》」「サマーディ」という。集中し切ってある種の動きを続けることで無念夢想になる。

知人の女性に、「何も考えずに、台所で野菜を刻んでいる時や、掃除機をかけている時などに忘我の恍惚状態に入ることがよくある」と言う人がいる。仕事中にそういう状態に入ると感性が覚醒し、混乱していた業務内容が、一瞬にして頭の中で整理されたりする。皆さんもそのような経験をおもちではないだろうか。創造はそういう時に起きるのである。

天真体道の心身開発体操（体の柔軟性だけではなく、心もともに開放するために開発した体操）に「瞑想ジャンプ」というものがある。これはしゃがんだ姿勢で頭を下げ、脱力しきって細かくピョンピョンとその場で軽く跳びつづける練習方法である。慣れるとすぐに深い瞑想状態に入ることができ、疲れを覚えずいつまでも跳んでいられる。

禅では、日常生活の動きのなかでその境地に入ることを、「動禅《どうぜん》」と言い、静かな場所に座し無念無想になるのを「静禅《せいぜん》」と呼ぶ。

我々は瞑想のなかですべての対立するものを一体化させるが、生活のなかでは動禅、静禅の両方が必要である。それらを簡単に学べるように考案した体技が「天真体道」である。

なお、付け加えておくと、たとえ道を求める者たちであっても、そこに大勢集まり、その集団が大きくなると、そのなかで野心、征服欲、嫉妬、物欲、怠惰、嘘、謀略などの感情や権力闘争が起きてくる。

しかしながら、真の修行は、人間とは欲深いものであると自覚するところから始まる。この世の中は善にも悪にも満ちていて、人間の心の中にも両方が存在しているからである。

道を求めその真理体得に努める者は、人の心には相反するものが存在していることを受け入れなければならない。善と悪だけでなく、性格的にも積極的な面と消極的な面、肯定的な面と否定的な面といった矛盾が一人の人間のなかに存在しているのである。そのことをまずしっかりと認識してほしい。こうした矛盾も受け入れてこそ、愛し合い、慈しみ合い、助け合って生きていけるのだ。

ここで「道」の修行の参考にしていただきたい逸話をいくつか、簡単に紹介する。

中国の唐の時代、はためいている幟旗《のぼりばた》を見て、二人の禅僧が言い争っていた。「あれは風が動いているのだ」「いや、あれは旗が動いているのだ」とどちらも譲らない。人々も集まって騒ぎが大きくなった時、一人の行者が二人の前に出て、「これは、風が動くのでもなければ、また旗が動くのでもありません。あなた方の心が動いているのです」と告げた。

この行者とは、達磨《だるま》大師を中国禅宗の初師として、その六番目の祖師、禅僧慧能《えのう》（六三八〜七一三）である。

主体と客体を超えたところに答えがあるという話だ。

四世紀頃、インドの大乗仏教唯識派(1)の学者であるアサンガ（無著《むじゃく》）とヴァスバンドゥ（世親《せしん》）兄弟は、「すべての存在は心の顕現である」と言ったという。この言葉から、アルベルト・アインシュタイン（一八七九〜一九五五）の「過去、現在、未来の区別はどんなに言い張っても単なる幻想である」という名言を連想する。この世界を形作っているのは心だと、千年以上前のインドの大覚者と同じことを天才的科学者と呼ばれたアインシュタインが言っているのだ。

臨済宗中興の祖と称される白隠《はくいん》（一六八六〜一七六九）が創案した公案「隻手《せきしゅ》の声」がある。両方の手を打った時、鳴った音はどちらの手の音かという意味の問いかけである。片一方の手や足は何を求めているか、ということだと私は解釈する。磁石のN極とS極が求め合うように、男性性と女性性が互いに求め合うということ。男女が合体したらそこに生まれるのは新しい命である。

これも華厳思想に通じることであるが、あらゆる現象における新しい命とは何を意味するか、皆さん一人一人が、よく考えていただきたい。

（1）大乗仏教唯識派：大乗仏教の見解の一つで「あらゆる現象世界（三界はただ心のみ）」という唯心思想を継承、発展させた学派。

キリスト教では「道」の修行をどう表すか

新約聖書にはマタイ、マルコ、ルカ、ヨハネによる四福音書《ふくいんしょ》があり、前三者を共観福音書《きょうかんふくいんしょ》と呼んでいる。その中では『マルコによる福音書』がもっとも古い。『マタイによる福音書』と『ルカによる福音書』は、『マルコによる福音書』および「Q資料」と呼ばれる古い資料などから引用して書かれたといわれている。一九四五年にエジプトの地中から偶然に発掘されたキリストの語録『トマスによる福音書』こそ、まさに失われていた「Q資料」の一つであろうといわれている。その後、ギリシャ語からコプト語（四世紀以降のエジプト語）に翻訳された完本も発見されたが、元はすべて一～二世紀に書かれたものである。

『トマスによる福音書』にはキリストの言葉として、「あなたがたが二つのものを一つにする時、また、あなたがたが内を外のように、外を内のように、及び上を下のようにする時、さらに、男が男でないように、女もまた女でないように、あなたがたが男と女を一つのものにする時、（中略）そのときにはあなたがたは［御国］に入るであろう」（22番）、「あなたがたが二つのものを一つにするならば、あなたがたは人の子たちとなるであろう。そして、あなたがたが、〝山よ！ここから移れ〟と言えば、それは移るであろう」（106番）というものがある。これはまさしく「華厳の思想」である。

また、『マルコによる福音書』ではこう書いてある。「医者を必要とするのは、丈夫な人ではなく病人である。わたしが来たのは、正しい人を招くためではなく、罪人を招くためである」（2章17節）

仏教の言葉でいうところの「煩悩即菩提」である。

「わたしたちは、生きるとすれば主のために生き、死ぬとすれば主のために死ぬのです。従って、生きるにしても、死ぬにしても、わたしたちは主のものです」（『ローマの信徒への手紙』14章8節）

これは、生死の迷いの境界そのままが不正不滅の涅槃の境界であるという

「生死即涅槃《しょうじそくねはん》」以外の何ものでもない。


キリストに、ある律法学者(1)が尋ねた。

「先生、おびただしくある律法の中でどの掟がもっとも重要でしょうか」

キリストは言われた。

「『心を尽くし、精神を尽くし、思いを尽くして、あなたの神である主を愛しなさい。』これが最も重要な第一の掟である。第二も、これと同じように重要である。『隣人を自分のように愛しなさい。』律法全体と預言者(キリスト)は、この二つの掟に基づいている」(『マタイによる福音書』22章37~40節)

神への愛と人々への愛は等しいと言っているのだ。つまり、神人一如であると教えているのである。

『トマスによる福音書』に、キリストの公案とでもいうべき、美しく、そしてこのうえもなく貴重な言葉があるので紹介しよう。

イエスが言った、「通り過ぎて行く者でありなさい」(42番)

つまり、とどまらずに通り過ぎて行きなさいということである。

昔の禅者や修行者たちは、これと同様のことを水の流れにたとえ、「無住《むじゅう》」などと呼び、どこにも力みがなく、留まらず、何ものにもこだわらず、飄々《ひょうひょう》としていることを理想とした。すなわち完全に無になること、すなわち完全に自由になることを理想としたのである。禅者であった江戸時代の剣術の大名人、針ケ谷夕雲《はりがやせきうん》(生年不詳~一六六九)の無住心剣流《むじゅうしんけんりゅう》が思い出される。

かつて、作家のラージャ・ラオ博士(一九〇八~二〇〇六)と話していた時、博士もまったく同じ考えだと言っておられた。ラオ博士はインドの宗教家・政治指導者であったガンディー(一八六九~一九四八)の直弟子である。「無住」であるためには、この「絶対無」を体得していなければならない。

キリストの言葉である「父の国はこの地上に広がっている。そして人々はそれを見ないのである」(『トマスによる福音書』113番)や、「一片の木を割りなさい。私はそこにいる。石を持ち上げなさい。そうすれば、あなたがたは私をそこに見出すであろう」(同77番)は、我々の心が何ものにもとらわれていなければ、我々の魂は自然と融和し、あらゆる所に遍在して、神の国はこの地上に広がっているという意味である。

こんなに重要なキリストの言葉があったにもかかわらず、古代の僧たちはこれらをグノーシス(異端思想)だ、偽典だなどと言って排除してしまったという。そのため、キリスト教圏では華厳思想や無の思想が充分には育たなかった。誠に惜しい限りである。

(1) 律法学者:旧約聖書の法や規範を解釈して講義をする学者。

全部捨てよ

天真のエネルギーはすべてのものの中に満ちている。

この世にあまねく満ちている天地の気は、人間が放出したり吸収したりすることができる。水をバケツで受けとめるとしよう。その際、水の受け入れ方が重要である。宝石であろうと、岩石であろうと、バケツの中に石が入っていたら水は十分に入らない。水とは我々の大きな目的である天真であり、水の入れ方とは、その天真の受けとめ方のことである。

天真体道も、禅の結跏趺坐《けっかふざ》(1)も、ヨガ、悔い改め、祈りも、すべてバケツに水をたっぷりと入れるための方法なのである。

キリスト教カトリックのドミニカン派の総師マイスター・エックハルト(一二六〇

頃〜一三二八頃）は、「良いものも悪いものも、一切の被造物から離脱し、一切の被造物に貧しく乏しく無であることは、魂を高く神のなかに運ぶ」と言っている。わかりやすく解説すると、「バケツに水を一杯入れたかったら、中の石ころなどを全部捨てなさい。その石ころとは悪、怒り、殺人、嘘、嫉妬などさまざまな罪ばかりでなく、神への愛、祈り、誠実、服従、奉仕などのあらゆる美徳も含まれる。それらを全部捨てなさい。そうでなければ神の霊という水は充分に入らないではないか」ということである。

さらにエックハルトは、「天真の生命エネルギーは我々よりも、もっと我々の近くにいる」という素晴らしい言葉を残している。

道を学ぶ人は、ドイツの神秘哲学者であったヤコブ・ベーメ（一五七五〜一六二四）の「無底」についても勉強するとよい。

キリスト教では、我々が心の中の罪なる一切を捨てて、絶対的な愛の神キリストを受け入れることにより、キリストを体現するに至ることを求める。

「生きているのは、もはやわたしではありません。キリストがわたしの内に生きておられるのです」（『ガラテヤの信徒への手紙』2章20節）。この言葉から、バケツ一杯に満ちている水は全部キリストであるともいえることがわかる。

（1）結跏趺坐：両足裏を上に向けてあぐらを組んだ座り方。

真理は我々の周りに溢れている

天地宇宙の気と完全に一体になった時、人は精神的に大きな自由を得ることができる。それはまた、生まれた時にもっていた真の自由でもある。

「自由になりたかったら、完全な無になりなさい」ということであり、バケツに水を入れることに成功するとは、禅やヨガや瞑想でたとえるなら、「大悟・大覚」(1)の境地に達することである。

しかし、大量の難解な経典を学び、坐禅、止観、瞑想、仏事、神事に努めている立派な宗教教派の人たちでも、その境地に達することは非常にまれで、困難なことである。

なかにはインド哲学であるヒンズー教の極意を目指してヒマラヤの聖者に会いに行く人もいる。私の親しい友人に、ヒマラヤの標高四千~五千メートルもある凍った高地に十二年も通って修行した強者もいる。こうした方法がすべての人に勧められるわけではない。神の国は地上に広がっているのであり、よく見ればヒマラヤまで行かなくても真理は我々の周りに溢れている。

日本には「造化の妙」という言葉がある。これは「天真」と一体になることだといえる。

江戸時代の俳諧師松尾芭蕉（一六四四〜一六九四）は、茶道の千利休（一五二二〜一五九一）、水墨画の雪舟（一四二〇〜一五〇六）、和歌の西行（一一一八〜一一九〇）、連歌の宗祇《そうぎ》（一四二一〜一五〇二）らを「造化の妙」に達した者として挙げている。これは芭蕉がそこに達していたからこそ言えるのだろう。

「よく見れば薺《ナズナ》花咲く垣根かな」など、感嘆の極みである。よほど気をつけなければ誰の目にも留まらない小さなナズナにも大宇宙、大自然の生命の気が満ちている。

ここに書き切れないが、ほかにもたくさんの素晴らしい先人たちがいる。我々は謙虚な気持ちで先人たちから学ばなければならない。

（1）大悟・大覚：仏語。迷妄を脱して真理を悟ること。大きな悟り。

「愛祈」青木宏之書（2002年）
「世界聖なる音楽祭」(広島県宮島・厳島神社、2002年）にて、
トランペッター近藤等則氏演奏の舞台上で揮毫
（スペイン・サンタデール市議事堂収蔵）

第五章　道を歩んだ先哲　禅の巨人たちに学ぶ

守・破・離

昔から日本では道を学ぶ者への指標として、「守」「破」「離」という言葉がある。私はそれを、理性による道「守」、知性による道「破」、感性による道「離」と解釈している。

理性による道「守」とは

伝統的な価値観によって築き上げられた道徳、倫理、文化、風習、礼儀、社会常識などを学び歩むことにより、社会に貢献できる自立・自律した社会人に成長していくこと。

知性による道「破」とは

常識や伝統とは関係なく、今の自分にとって一番必要と感じる学びをよく考え、それを体得すべく、新しい意識をもって真剣に追求すること。

感性による道「離」とは

自己の内奥からの呼び声に素直に応じ、独自のものを追求し、発見し、創造し、自分はもちろん、多くの人たちの幸せのためにもそれらを表現し、提供すること。

道を歩む過程では、社会からの理解を得られないこともあり、苦しく辛いことも少なくない。しかし、結果として新しい道が拓かれるため、周囲や後世の人々が大きな恩恵を受けることが多々ある。だから、めげずに道の歩みを進めてほしい。

先人の知恵 ～老子、荘子、白居易に学ぶ

人間は皆、「天地宇宙の気」によって創られ、生かされている。したがって、本来は何もしなくても天の気が体中に満ちているのである。

中国春秋時代の哲学者である老子（紀元前五七一？～紀元前四七一？）の言葉に、「知足者富（たるをしるものはとむ）」がある。「我々はすでに器に山盛りの恵をもっている。必要以上に欲しがることはないのだよ」という意味である。歴史に残る思想家たちが残した言葉には、道を歩む者にとって非常に啓発されるものが多い。

ここで、中国戦国時代の思想家である荘子（紀元前三六九？～紀元前二八六？）と唐

代の漢詩人である白居易（七七二〜八四六）の教えを紹介したいと思う。

【荘子の教え】

思想家であった荘子は、悟りのレベルを「朝徹《ちょうてつ》、喪耦《そうぐう》、喪我《そうが》、大妙《たいみょう》」の四段階に分けた。

一、朝徹《ちょうてつ》

すべてのこだわりをなくすと、晴れた早朝に目に映るあらゆるものがくっきりと孤立し、その独自性を主張しながらも、存在の奥底で根がつながっていることが見えてくる状態を指す。

二、喪耦《そうぐう》

目に映る一切の物事のなかに自分が没入融和し、一体となること。主体と客体が一体となる、つまり客体を喪失するということである。現在の日本では「耦」の字は使わないため、「喪客」と書いても問題ないだろう。

三、喪我《そうが》

自分自身の我《が》が消滅し、森羅万象一切が自分のなかに入り、溶け込む状態を指す。ちなみに喪耦（喪客）と喪我は一体のものである。

四、大妙《たいみょう》

大宇宙、大自然、社会、自分自身がすべて一つに融け合い、美しく輝いている状態であり、悟りの最高の境地である。ただし、大妙に達した人は自ら大妙に達したなどとは言わない。

悟りのレベルについて荘子による別の分類として、「発、野、従、通、物、来、鬼入、天成、不知死・不知生、大妙」などというものもある（この分類には後代の学者達が付け加えたものが入っているかもしれない）。よりわかりやすくするために、私は以下のように傍線部の文字を補って「発心、野生・性、従地、通天、物化、来土、鬼入、天成、不知死・不知生、大妙」ととらえている。

【白居易の教え】

白居易は、優れた文学者であり、熱心な修行者であり、官僚でもあった。平安時代の日本文学に与えた影響は計り知れない。彼は道を学ぶ者が通るべき道程に、「観・覚・定・慧・明・通・齋・捨」といったレベルがあることを説いた。それぞれ一字書いただけで何の解説もない。そこで私は誤解を恐れず独自に解読してみた。

一、観（観察・観照）

何事においても先入観をもたず、赤子の目で観るように観る。良いもの悪いものすべてに先入観をもたず、一切を「無」の気持ちで観ることができるようになること。

二、覚（知覚・悟り）

真理に覚醒し、やがて大覚に至る「悟り」のこと。すべてのこだわりを捨て、正しいものの見方ができると、大いなる真実、あるいは真の自己が見えてくる。

あらゆる形の中に命が宿っていることが見えてくる。すべてのものの中にある、その命の真実を見抜くこと。

三、定（精神統一）

「行」としての瞑想であり、また瞑想の極みである。

瞑想を続けていると、あらゆるものが移ろいゆくが、その動きや変化の奥に真実を見いだすことができるようになる。背筋を伸ばしリラックスして坐り、眼を閉じ、静かに呼吸をし、体中の力みを大地の深みにまで下ろしつづけると、それだけで物事の真実に観入（心眼をもって対象を正しく把握すること）し、真理を迎え入れられるようになる。

四、慧（叡智）

一切の知恵や分別を捨て、名利を捨てると、宇宙大自然の命の真実が見えてくる。そこからの叡智を身につけること。

五、明（洞察）

すべてにおいてしっかりと方向を定め、眼を閉じた瞑想ではなく、眼を開いた「明想」の世界に入ること。

つまり、修行は日常生活のなかでおこなわなければならないことになり、修行のなかで真理に到達することである。言い替えると、自分が生きて存在しているだけで、周囲がキラキラと輝く状態になることを目指さなければならない。

六、通（透徹）

悟りきった「大覚」の透徹しきった状態である。

これは、荘子の悟りの四段階すべてに通じると考える。

七、齋（心身を清め、神を祀《まつ》る）

心身を清め、神を祀ること。

我々現代に生きる者にとって、大宇宙とそこに満ちる大いなるエネルギーこそが神であるといえる。心身を清めて祀るということは、日常一切が神事だということになる。白居易は「齋」を非常に重視していた。

八、捨（棄却）

我や利己心やこだわりを捨て去り、それどころか祈りや愛さえもがなくなり、最終的にはその人自身の存在が祈りそのもの、愛そのものになってしまうこと。大いなる宇宙、神の真理の実現である。

白居易が教えているのは、大いなる慈愛、慈悲の心を自らのなかに育てることであり、愛の人になることである。

精神的に高いレベルに達し、飢える者、苦しむ者、孤独にある者、病む者、不幸な者のために自らの身を捨て、尽くしきる人は生きながらにして薬師如来といえよう。生き仏そのものである。

我々人間は、心がしっかりとした方向性をもつと、体全体もその方向に進もうとするものである。白居易は、「気高い希望をしっかりもって歩めば、かならず物事は実現し、体得できる。そう信じて生きていきなさい」と、我々に教えているのだろう。

瞑想の哲人たちに学ぶ

私は五十代後半に、釈迦の言葉といわれている「真空常寂《しんくうじょうじゃく》」に出会い、何段階にも深く理解することを繰り返した。「真空常寂」とは、自分自身のなかの騒々しいこの世の雑念が一切消え、限りない平和と無限とも思える静寂さが体全体に広がる状態である。この言葉はたとえようもないくらいに深く、素晴らしい。そして、その後私は「天上天下唯我独尊《てんじょうてんがゆいがどくそん》」の境地に向かうことになる。

ここでは深い瞑想のなかに生きた優れた禅僧であり、哲人である人たちの名言を紹介する。ここまで述べてきたことを踏まえて読んでいただけると、さらに理解が深まるだろう。

禅はもともとインドでディヤーナ、あるいはジャーヤナ（禅那）と呼ばれた瞑想修行のことである。禅は、中国禅宗の開祖とされるインドの仏教僧、大哲人である達磨《だるま》大師（生没年不明　五〇〇年前後）によって西暦五〇〇年頃にインドから中国にもたらされた。その後、日本に伝えられ、大きく発達した。

また、白隠によって確立された公案禅は、鈴木大拙《だいせつ》（一八七〇〜一九六六　仏教学者、文学博士）によって世界中に広まった。

禅は、多くの困難を経て中国や日本に伝えられたのだが、それを思うと現在およびただしい量の情報を簡単に入手できることは、本当にありがたいことである。

ここで紹介する禅僧の言葉には、宗派教派などは関係なく、道を学び歩むすべての者にとっての共通の真理がある。どれもが短い言葉であるにもかかわらず非常に意味が深いので、皆さんの学びの参考にしていただけたら幸いである。

一、「廓然無聖《かくねんむしょう》」達磨

達磨は、インドから中国へ禅を教えるために渡来した。その時の皇帝が、「仏教でいちばん大切な教えは何か」と尋ねた際に答えた言葉といわれる。「明るくからりと晴れたように空っぽになって生きること。特別に何が尊いなどということはない」という意味である。

ここには天真への大いなる崇敬と信頼がある。

二、「本来無一物《ほんらいむいちぶつ》」慧能《えのう》（63、64ページ参照）

「人は心に塵やごみなどは溜まっていない。生まれた時から無だからである」という意味である。素晴らしい人間讃歌である。慧能の肉身菩薩が中国の南華寺に祀られていて、私も見たことがあるが、その顔立ちは優しく強く、そして神々しく、胸打たれるばかりであった。

三、「即心即仏《そくしんそくぶつ》」「非心非仏《ひしんひぶつ》」馬祖《ばそ》（七〇九～七八八）

「仏だ仏だ、と言ってもそれは人が心で作り出したもの。仏とは心なんだよ（＝即心即仏）」という意味で、人間の命の肯定をしている。

しかし、この後、「最終的には心も仏も何もないのさ（＝非心非仏）」に変化していった。

有の思想から無の思想へひらかれていったのであろう。

四、「独坐大雄峰《どくざだいゆうほう》」百丈《ひゃくじょう》（七二〇～八一四）

「今、私はこの大雄山のこの寺に一人坐っている。ここにこうして生きて存在していること、そのことが最高の天の慈しみなのである」という意味である。

すべてを捨て去り、感謝と幸福とは何なのかを語った見事な一言である。百丈は禅修行の規則を設けた人である。

五、「随流去《ずいりゅうこ》」大梅《だいばい》（七五二〜八三九）

「大宇宙の大いなるエネルギーと融けあって、ただ生きていきなさい」という意味である。

完全な「無」をも脱して、美しい大自然、すなわち大いなる大宇宙の気に融和し

「独坐」青木宏之書（1995年）

て生きる姿を教えている。ちなみに、中国語で「去」は「行く」の意である。無になることが天真と一体になるためであることは言うまでもない。

ある僧侶が、「一番大切な生き方とは何ですか?」と曹洞宗の開祖である道元（一二〇〇～一二五三）に尋ねた時、道元は「随流去」と答えたという。道元は大梅のことを「熟梅」と呼んで敬愛していたそうだ。

人が完全に無の心境となり、天真と溶け合ったなら、その次はもう大いなる自然に帰ることしかない。

千年もの命をもつ大樹を前にした時、岩に打ち寄せ砕ける波を見た時、夕映えの空を見た時、我々がその存在感や美しさに圧倒されるのは大自然の偉大さである。そうした自然の美しさや荘厳さに触れた時は、「あなたもこうなりなさい」と自然が呼びかけていると思わなくてはならない。

しかしながら、今、地球はボロボロになりつつある。石油、石炭、ウランやレアメタルなどを求めて大地を掘りつづけ、樹木を切りつづけ、海底はプラスティックで埋まり、元の自然を復元することは到底不可能である。

自然保護と復元について手を打たないと人類は惨憺たることになるであろう。「道」を歩む者は、皆で力を合わせ、人類の幸せのために行動を起こさなければならない。

「随流去」青木宏之書（2015年）

六、「喫茶去《きっさこ》」趙州《じょうしゅう》（七七八〜八九七）

「日常茶飯事の中に真理があるのだよ。お茶を飲み、食事をするという命の営みの中にこそ真理があるのさ。それがわかれば、日常ただ此処に生きているというだけのことに大いなる意味があるのがわかるよ」という意味である。

趙州が師の南泉から教えられた「平常（日常）の心こそ道」なのである。

七、「赤肉団上一無位《しゃくにくだんじょういちむい》の真人《しんじん》」臨済《りんざい》（生年不明〜八六七頃）

「赤い血が流れている生身の肉体をもった我々人間が、最終的には一切空無の状況に入り、真に覚醒した人間になる」という意味である。

天真体道で懸命に稽古をし、体も心も磨かれ、真理（道）を求めて生きる。そうして手ぶらの空穴で何一つもっていない状態になった時に覚醒が訪れるのであろう。

八、「随処作主立処皆真《ずいしょにしゅとなればたつところみなしん》」臨済

「どんな所であろうと、行った先で人生の主体者となれ。そうすればどのような行動もすべて真である。それができる人はどこにいても、どんな時でも、その存在は世界の中心であり、真実である」という意味である。

野球選手たちがドラフトで引っ張り回されている時、ある選手が記者の質問に対し、「どこの球団でもよい。随所で主となる。立つ所皆真である」と言った。私はそれをテレビで見て、彼は野球をやりながら、野球以上のものを見つめている立派な選手だと感心した。

この教えこそ、命の気、天真、神、仏なるものの最高の慈悲なのである。宗派教派などにとらわれるのは、もっとずっと末端の話である。

「煩悩即菩提」青木宏之書（2006年）
中国西安草堂寺「鳩摩羅什舎利塔」扁額（世界文化遺産）

第六章 「道」「人」一如

形で表現する

道の到達点の一つに「無」という境地があるが、剣技では、「無」や「絶対無」など言っても伝わらない。

形でやって見せられなければならない。完全なる空無や虚空などといわれる心境の中にも「真空剣《しんくうけん》」「虚空剣《こくうけん》」「無相剣《むそうけん》」などの刀技があり、さらに「随流剣《ずいりゅうけん》」「抜界剣《ばっかいけん》」「漂心剣《ひょうしんけん》」「独尊剣《どくそんけん》」という形で表される心境に進む。それらをしっかりと使い分けなければならない。

剣技以外の稽古でも、どこまでも進みつづけ、「喪客《そうきゃく》・喪我《そうが》」より「無相《むそう》」へ、そして「随流去《ずいりゅうこ》」に進み、さらに「天成抜界《てんせいばっかい》」なる脱領域の段階的発展があり、「漂心《ひょうしん》」「独尊《どくそん》」へと進まなくてはならない。ただし、決して難しく考える必要はなく、子どものような好奇心と情熱をもち、いつも楽しく夢と問いを追いつづければよい。

日常生活に生きる型

古くから、豊かな人間関係を築くうえで大切なのは、「挨拶・義理・人情・恩返し」といわれてきた。この言葉は今でも決して死んではいない。

朝、人に会った時には「お早うございます」

人にお世話になった時には「有難うございます」

このような挨拶は幸せな毎日への第一歩である。コミュニケーションの原点であり、「型」である。

あまり人生がうまくいっていないと感じる人は、これを欠いていることが多いのではないだろうか。そう感じることがあるならば、今からでよい、思い立った時が吉日である。そして、自分は今、蓋も底もないドラム缶になって天真の海の底に沈んでいると思えばよい。そのドラム缶からは海水（すなわち天真の大いなるエネルギー）が無限に汲み出せる。そうイメージしてはいかがだろうか。

自分は今、天真の海に沈んでいて、自分の体の内外には空気ならぬ、海水ならぬ天真のエネルギーが充満していると思っていただきたい。これがすべてである。自信をもって天真街道をまっしぐらに進んでほしい。

道は「型」によって伝えられる。自分を、そして他人を大切に思うなら、「型」を尊ばなければならない。「型」こそ命であり文化である。

一人一人の命が真に生きたものになる教えがそこにあるから。

実社会における実践 ～マザー・テレサ

「求道者」は「社会実践」をすることにより、「社会実践家」は「道」をさらに求めることにより、両者は成長し、成熟する。「社会実践」と「道」は車の両輪である。

祈りの人、カトリック教会の聖人であるマザー・テレサ（一九一〇～一九九七）が言った。「愛するとは、二〇〇円持っていたら一〇〇円を貧しく苦しんでいる人に与えることです」

愛することのこれほどわかりやすい教えはない。しかしそれだけではない。この後に続く言葉がさらに素晴らしい。

「残りの一〇〇円でヒヤシンスを買ってきて、机の上に置いて楽しみなさい」

私は、以前マザー・テレサのもとで働いていた友人と話すチャンスがあり、「マザー・テレサは深い愛と静かな祈りに明け暮れていたのですか」と尋ねた。

「とんでもない。様々な商品を少しでも安く仕入れ、少しでも高い値で売ってお金を作るという、施設運営のためのお金作りで一日中大変でした」との返答。

彼女の施設に収容されていた人たちの髪の毛にはシラミがたくさん寄生し、かゆくてしかたないようで、いくら取っても取り除けるものではないほどだった。そこでその友人が、「髪の毛をシャンプーし、そのまま三～四分放置しておけばシラミは窒息して死滅します。すぐシャンプーをしましょう」と提案したら、尼僧たちに「シャンプーを買うお金がない」と言われたという。

簡単に解決できることでも、お金がないために提案が受け入れられず、解決に至らないことを知ったそうだ。

「自分は日本のマザー・テレサになる」と決心してインドに渡ったその友人は、「ボランティアを成功させるのはお金である」と悟り、帰国後、サプリメントを扱うビジネスを起こし、大成功させた。現在は、世界の平和活動と難民救済のために多額の資金援助をするなど、実に目覚ましい働きをしている。

十牛図《じゅうぎゅうず》に学ぶ

臨済から十二代目の法孫(1)である廓庵師遠《かくあんしえん》(生没年不明 一一〇〇年前後)が、真の自己を追求する道程について「十牛図」という見事なカリキュラムを残している。「尋牛《じんぎゅう》」「見跡《けんせき》」「見牛《けんぎゅう》」「得牛《とくぎゅう》」「牧牛《ぼくぎゅう》」「騎牛帰家《きぎゅうきか》」「忘牛存人《ぼうぎゅうぞんじん》」「人牛倶忘《じんぎゅうぐぼう》」「返本還源《へんぽんげんげん》」「入鄽垂手《にってんすいしゅ》」の順に続く。

真理を追究するうえで避けては通れない道筋を、鎌倉時代の禅僧が学び始めの人に、牛と牛飼いの少年にたとえて説明しているのだが、ただただ見事な説明だと思う。この発展過程の最後には「天真と融和し、大自然の流れのなかで市井に生きる人々とともに生きていく」ところにたどり着く。

すべての悟りの頂点は民衆に奉仕することだと説く。

一、尋牛《じんぎゅう》

迷いの世界から脱して、自分の心の中にある真理や真実の自分を探す。

二、見跡《けんせき》

多くの本を読み、学び、どうしたらよいかに気づく。

三、見牛《けんぎゅう》

求めているうちに、ついに答えの片鱗を見いだすことができる。

四、得牛《とくぎゅう》

なかなか手に入らない真理、あるいは自己の実相を捕まえ、しっかりと保持する。

五、牧牛《ぼくぎゅう》

煩悩多き自己をコントロールしては失敗し、またコントロールして修めていく。

六、騎牛帰家《きぎゅうきか》

苦労を克服し、本来の自己と、そして宇宙自然と一体になり、喜びの生活に入る。

七、忘牛存人《ぼうぎゅうぞんじん》

自己と真理は一体である。その真理も忘れ大悟に入る。

八、人牛倶忘《じんぎゅうぐぼう》

真理も自己も、迷いも悟りもなく、聖も俗もない。完全な無の世界である。

九、返本還源《へんぽんげんげん》

大本の根源に還る。時間も空間も絶対の無も今はなく、ただ自然のままに生きる。

十、入鄽垂手《にってんすいしゅ》

人々の住む街に入り、泥まみれになってともに笑い、泣き、楽しみ苦しみ、自分を必要としている人たちに手を差し伸べる。

二の「見跡」と三の「見牛」は一緒にしてもよいと考える。九の「返本還源」までは自己研鑽と自らの心境の問題であるが、最後の「入鄽垂手」は、社会に出て人を愛するという目的をもった方向性がある。

「入鄽垂手」とは、人々とともに泣き、笑い、「陰徳を積む」ということであって、あなたを必要としている人たちの力になることである。愛は実践をともなない、実践は愛を育てる。

廓庵はこれをもって修行の完成としたが、「入鄽垂手」は、実は誰もが今すぐできることである。したがって、我々は「入鄽垂手」を十番目に置くのではなく、どのレベルでもおこなうべきなのである。

愛の実践とは、植木鉢の植物に水や肥料をやるようなものである。心の中ではいくら愛していても、水をやらなければ植物はたちまち干上がってしまう。このことを忘れてはいけない。

私は多肉植物の月下美人を愛しているが、ある時水をやるのを忘れて合宿に行ってしまった。帰ってきたら、葉がすっかりしおれていた。慌てて水をやったので助かったが、それから三年になるがその時の葉は現在でも艶がなく皺だらけのままである。それを見るたび私は責められている感じがするのである。

私の反省からであるが、もう一度言おう。植木鉢の植物を育てるには愛しているだけではダメなのである。水をやらなければいけないのである。

しかし、体の具合が悪くて動けない人もいるだろう。そういう人は、心が願うこと、すなわち命がけの祈りはかならず実現すると信じ、強烈に人を愛そうではないか。また、自分を介護してくれる人がいたなら、心からの感謝をすることで愛を分ち与えることができる。

心を込めて一生懸命に奉仕しようではないか。あなたの周りにいて、あなたの愛を求めている人に水をあげてほしい。生きて働く愛を差し上げていただきたい。

そしてその時、いつも天真があなたとともにいて、支えていると思ってほしい。

（1）法孫：仏教の門流。その門下の流れに連なる者、門人、門弟。

第七章　今の時代の英知をもって

我々はさらに先へ進もう

「天真体道」は文字通り天地大宇宙、大自然のなかに生きる我々が、武道的な型の修練を通して真理を求め、限りなき道を歩んでいこうとするものである。

廓庵の十牛図は道を歩む者にとって八百年もの間、素晴らしい道案内になってくれたと思う。

しかし、現代に生きる我々、そしてこれからの新しい時代を生きる人々のための新しい道標があってもよいのではないだろうか。

そこで、私は新たに十段階の道標を構築し、そのなかで十牛図のさらに先へと進む道筋をも示した。それが、「青木流求道進展《きゅうどうしんてん》の十段階」である。

ここに、私自身が学び歩んできた体験にも触れながら紹介するので、日々の役に立ててもらえたら幸いに思う。

青木流求道進展の十段階

一、発心《ほっしん》

聖なる道の世界に邁進しようと心を決めること。

たとえるならば、道の神様に「私は今から全身全霊をあげて道を歩むことに決めました。どうぞよろしくお願いします」と告白し、心の中でサインをしたり、実印を押したりするようなものである。発心がしっかりできると、その瞬間から価値観が一変してしまうはずである。

私の発心は、高校生だった十七歳の時にさかのぼる。同じクラスに二人のクリスチャンの生徒がいた。どちらも際立って善良だった。私は二人に対抗すべく、反キリストの哲学者であるフリードリヒ・ニーチェ（一八四四～一九〇〇）の『偶像の黄昏』や『力への意志』などを読み始めた。素晴らしい思想に胸を躍らせて読んでいたある時、自分がまだ聖書を読んでいないことに、はたと気づいた。当時、米国からの宣教師たちが日本人を教育しようとしてか、十円、二十円で聖書を売っていた。その新約聖書が我が家にも一冊あったので、ある日、読み始めた。

「こころの貧しい人々は、幸いである、天の国はその人たちのものである」で始まる「山上の垂訓」(1)を読んだ時、私は激しい感動を覚えた。今まで家庭でも学校でもまったく教わったことのない、魂の解放や素晴らしい愛の教えがここに書かれていたからである。そしてさらに、『コリントの信徒への手紙一』の中の「体の中ではかよりも弱く見える部分が、かえって必要なのです」（12章22節）という言葉で激しい衝撃を受けた。あたかもレンガや石ころを混ぜてセメントで固めた白分の体が、音を立てて崩れていくように感じ、頭の上がポッカリと開き青空が見えた。全身にまとっていた鎧がすべて外され、心身ともに一挙に解放されるような体験だった。それからというもの、聖書のどこを開いて読んでも砂漠に水が染み込んでいくように心に入ってきた。

以来、私の世界観は一変してしまい、キリストこそ私の救い主であると思ったのだ。それが私の発心であった。

二、懸命《けんめい》

文字通り命がけになり、必死に戦う。スポーツに生きる若者たちが世界選手権やオリンピックでメダルを目指し、死に物狂いで勝負に臨むあり方である。マラソンやテニスなどでよく「ランナーズハイ」や「ゾーンに入る」などといった状態について語られるが、ある意味、神がかった状態になることである。

武道系の場合、型を何百回、何千回と連続して練習していると意識が天地宇宙に開かれたようになる。全力をあげて疲れ果てるまでやっていると、しばしばそういう状態になるものだ。力を出し切った後、大地に大の字になってひっくり返れば、素晴らしい解放感が味わえる。それによく似た感じである。

三、覚醒《かくせい》

二の「懸命」のような激烈な日々を繰り返していると次第に「ランナーズハイ」や「ゾーンに入る」ことが起きやすくなる。そしてある日、ありとあらゆる存在一つ一つがくっきりと見え、しかもその根が地下で大きくつながっているのが見える。

朝起きて外を見た時、空気が澄み切って空が晴れやかに開かれているのと同じような爽やかさがある。道に目覚めて歩み出した人にとっては、初めての明瞭な悟り体験で、天への道が通じた「通天」ともいえよう。

荘子は「朝徹《ちょうてつ》」という言葉を使ったが、感性が晴れ渡り目に見えるすべてのものがくっきりと個性を主張しながらも、根は一つにつながっていることに気づくことである。

覚醒する、悟るとは、気づくことである。

日々の小さな気づきが、やや大きな気づきとなり、やがてずっと大きな気づきが起きる。それが繰り返し続くうちに身も心も目に見える世界をも一変してしまう気づきが起きるだろう。それを大覚、または大悟という。

四、喪客《そうきゃく》　五、喪我《そうが》

「客」とは主体に対する「客体」である。ついに客体（object）が消えてしまい、我「主体」も消えてしまう。

荘子の思想を表す代表的な説話「胡蝶の夢」がある。荘子が夢を見て蝶になり、蝶として大いに楽しんだところで目が覚める。果たして自分が夢を見て蝶になったのか、あるいは蝶が夢を見て自分自身になったのか、わからなくなったという話であり、喪客、喪我を見事に表している。

音楽でたとえると、演奏者が「主体」で楽器が「客体」である。演奏者で考えてみるなら、演奏中に楽器のことを忘れ演奏に没頭しているのが楽器に対する喪客であり、ついには演奏している自分のことも忘れているのが喪我である。

楽器がうまく演奏できるように熱心に練習していると、いつしか手が無意識に動き、心に楽曲の構想を抱いただけで音楽を奏でることができるようになる。楽器のことも、演奏していることも忘れ、気がついた時には大いなる音楽の世界だけが広がっていたということである。

ここまでくると、世間からはあの人は風変わりな人だとか、変人だとか、良ければ天才だなどと言われるだろう。そうなったらしめたものである。音楽でこの境地に達した人は数多くいるだろうが、これを一つの指針として、全人格に関わる道の世界でも、このレベルに達することができるよう努力するのも楽しいことである。

六、無相《むそう》

楽器のことも、演奏している自分のことも、そして音楽のことさえも消えて、ただ永遠の虚無の世界が広がっている。この真空の世界は、どこまでも、どこまでも広がりつづける。すべての禅僧が求めつづけてきた世界でもある。

私は三十一歳の頃の一時期、横須賀市汐入町の丘の上に住んでいた。ある日、眼下に広がる景色を眺めていた時、突然自分の周りからそれまで信じていたキリスト教世界がすべて消えていく不思議な体験をした。永遠の空無の世界に取り残されてしまった。

私は、今死ぬか、今死ぬかと戦慄した。その瞬間、十年以上も前に読んだフランスの思想家、科学者、キリスト教神学者であるブレーズ・パスカル（一六二三～一六六二）の瞑想録『パンセ』(2)の「この虚無の空間の永遠の沈黙は私を戦慄させる」という言葉を思い出したのである。キリスト教弁証論を書こうとしていたパスカルは、無相の境地にたどりついたのだと知った。

それからというもの、次の「随流《ずいりゅう》」まで四十六年間、この大いなる無相の世界にいたのである。

七、随流

道もない。無もない。すべてが一転し、梅、桜、桃をはじめ百花咲き乱れるような明るく香気ただよう世界が開ける。自分の体からも良い香りが漂い、きらきらと金色に輝く美しい世界が広がる状態のこと。

随流とは、先述した大梅の『随流去』に示されている（91ページ参照）とおり、全宇宙全天地の大いなる気の流れに溶けて生きていることである。

私の「随流」の体験を紹介する。

私は二〇一二年七十六歳の冬、万座温泉に行った。群馬県にある万座温泉は山岳地帯の中腹にある温泉場で、冬になると上も下もわからないほど真っ白な雪に包まれる。宿からはるか麓の方を見た時、雪の中に露天の大きな温泉があった。温泉の脇の少し高くなった所に雪が降り積もり真っ白になっていた。今の自分では、わずかな高さでもとてもそこを乗り越えることはできないだろうなどとぼんやり思いつつ見下ろしていた。

その時、突然すべてが晴れ渡り、きらきらと輝いて咲く梅、桜、桃の花に包まれたようになった。私は三十一歳から四十六年間もの長い間、夕闇迫る無相の荒涼たる土地をただ一人歩いているようなイメージをもちつづけていたが、そのイメージが一瞬にして消え去った。ふくいくたる香りに満ちた美しい世界が私の周りに広がった。そして全身からえも言われぬ甘美な香りが溢れ出ているように感じたのだ。

八、天成抜界《てんせいばっかい》

無限の精神宇宙を超えると、また次の無限の宇宙が開ける。それが続き、どんどん発展していく。脱領域の段階的発展である。

コップに石鹸水を入れてストローで息を吹き込んだら、次から次へと泡が噴き上がるだろう。この泡は、自分が想像しうる限りの無限の精神世界であると思っていただきたい。無限の世界なのに目の前に障壁が現れ、それを乗り越えると向こう側の新しい世界が現れる。そこを超えると、さらにまたその先の世界が現れ、それを超えるとまた新しい無限の世界が開けていく。言語的には矛盾があるが、感覚の世界だからお許しいただきたい。一つ一つを次々と超えていくことである。

つまり、心身ともに無限の大宇宙に溶け込んでしまい、完全な自由であり、天そのものとなるが、さらに成長しようとすると乗り越えるべき境界線が見えてくる。それを超えるとまた無限に自由な天地が広がり、求道している限りそれが繰り返されるのである。

九、漂心《ひょうしん》

長年月にわたって道を歩みつづけた果てには、もはや道を求める心も、真理も、無も有もない。もはや生を知らず、死を知らず、ただ明るい大いなる世界に溶け込んでいるだけという状態である。いわば、上下左右も前後も真白な霧の海に船を出している心地である。

十、独尊《どくそん》

最終的には「我生きて今此処にあり」というだけになる。それ以外のいずれでもない。ただ生きているだけで、「道」が開発されていく。

釈迦が生まれた時に天と地を指差し、「天上天下唯我独尊《てんじょうてんがゆいがどくそん》」と唱えたという説話がある。「我生きて今此処にあり」こそ、「天上天下唯我独尊」なのである。

（付）悠飛《ゆうひ》

ここまで来ると、すべての道が完成したという大いなる満足感や安心感があるはずである。この後は来世に向かって飛び立っていく（悠飛する）だけである。

心ゆくまで道を追究してきた。この人生はこの辺まででよかろうとわかる日が来る。一切の道の追究をありがたく終え、過去に対しては、ただ感謝と無限の許しのみ。大いなる喜びをもって、彼の岸に向かって悠飛していこう。

（1）山上の垂訓：新約聖書に収められた『マタイによる福音書』第5章から7章と『ルカによる福音書』第6章にある、イエスが山の上で弟子たちと群集に語った教えのこと。

（2）『パンセ』：ブレーズ・パスカルが書き残した数多くの断片的な記述を、彼の死後に遺族などが編纂し、刊行した遺稿集。多くの格言、名言が登場することで知られる。「パンセ」とはフランス語で「思想」を意味する言葉。

「十牛図」と「青木流求道進展の十段階」の対比

<table>
<tr><th colspan="2">十牛図</th><th colspan="2">青木流求道進展の十段階</th></tr>
<tr><td>1</td><td>尋牛（じんぎゅう）</td><td>1</td><td>発心（ほっしん）</td></tr>
<tr><td>2</td><td>見跡（けんせき）</td><td rowspan="2">2</td><td rowspan="2">懸命（けんめい）</td></tr>
<tr><td>3</td><td>見牛（けんぎゅう）</td></tr>
<tr><td>4</td><td>得牛（とくぎゅう）</td><td rowspan="2">3</td><td rowspan="2">覚醒（かくせい）</td></tr>
<tr><td>5</td><td>牧牛（ぼくぎゅう）</td></tr>
<tr><td>6</td><td>騎牛帰家
（きぎゅうきか）</td><td rowspan="2">4・5</td><td rowspan="2">喪客（そうきゃく）
喪我（そうが）</td></tr>
<tr><td>7</td><td>忘牛存人
（ぼうぎゅうぞんじん）</td></tr>
<tr><td>8</td><td>人牛倶忘
（じんぎゅうぐぼう）</td><td>6</td><td>無相（むそう）</td></tr>
<tr><td>9</td><td>返本還源
（へんぽんげんげん）</td><td>7</td><td>随流（ずいりゅう）</td></tr>
<tr><td rowspan="3">10</td><td rowspan="3">入鄽垂手
（にってんすいしゅ）</td><td>8</td><td>天成抜界
（てんせいばっかい）</td></tr>
<tr><td>9</td><td>漂心（ひょうしん）</td></tr>
<tr><td>10</td><td>独尊（どくそん）</td></tr>
</table>

青木流求道進展の十段階を深く理解しよう

「天真」とは、大宇宙のことであり十段階の一つではない。

十段階とは精神世界のことである。十段階は精神の問題であり、一つ一つをはっきり区切ることができる場合もあれば、できない場合もある。次の段階にわずか一、二年、あるいは一瞬で入る場合もあれば、十年、二十年とかかることもあるだろう。私自身、今そこから離れたからこそわかることではあるが、数か月で通り抜けたものもあるし、無相のように四十六年間もの間そこに居つづけたものもある。

十段階はあくまでも道標であり、こうでなければいけないという決まりごとがあるわけではなく、必ずしも一つ一つ順番通りに登っていくものではない。

たとえば、ベートーベン、モーツァルト、チャイコフスキーのような音楽の大天才といわれる人たち、ゴッホやポロックほか多くの画家など、素晴らしい作品を創作したが、生活やほかの分野においても素晴らしいかどうかは必ずしも同じとはいえない。芸術家以外でも超一流といわれる政治家、学者、医者などにも同じことがいえる。あくまでも精神世界の追究であって、知識や感性とは別なのである。

「青木流求道進展の十段階」は、その人が求める世界の自己実現であり、十段階を歩むことによって自分の英知とつながり人生を創っていくための道標である。この道標が進むべき方向を指し示し、山の頂上から見た楽しさを教えてくれる。その道のりにおいて、各段階で得た気づきや体感を日常生活のあらゆる面に応用する「稽古の日常化」がとても重要になってくる。

常に新たなれ　絶え間なき前進を！

「兵法は常に新たならずば、戦場戦士の当用の役に立たず」

これは上泉信綱《かみいずみのぶつな》（一五〇八？～一五七七）(1)の言葉である。

武技、戦術は、絶え間なく研究、開発、創造がなされなければ、戦場の今まさにという場で戦う兵士たちにとっては何の役にも立たないという意味である。

伝統文化を大切に保持しつつ、時代のニーズに応じてどんどん変化を受け入れ、革新、前進していかねばならない。

柳生家《やぎゅう》は武道において、あまりにも名門である。伝説的な話も多く、どこまで本当かは定かでないが、興味深い話を紹介しよう。

柳生石舟斎宗厳《せきしゅうさいむねよし》（一五二七～一六〇六）(2)は新陰流《しんかげりゅう》の流祖、上泉信綱より伝授され、第二世を継承し、剣の柳生の礎を築いた。第五世柳生厳包《としかね》（一六二五～一六九四）は後世のために新陰流の使い方を書き残し、柳生家の神棚にしまう際に、「決して見てはならない。見たら神罰が下り、眼がつぶれる」と言い残したという。

一時は隆盛を誇った新陰流も、時が経ち沈滞期を迎えた。第十一世の柳生厳春《としはる》が家督を相続すると、新陰流復興に力を注ぐ厳春は神罰をものともせず、厳包が書き残した口伝書を開封した。

すると、小さいメモ書きで、石舟斎宗厳も伊勢守（上泉）信綱もダメだと書いてあり、宗厳の多くの技に厳包自身の手で優れた修正がなされていたという。このことにより、厳春は新陰流に革新を起こすことに迷いがなくなったのであろう。厳春は新陰流中興の祖とも呼ばれている。

このように、新しく代が替わり、古い伝統が壊され、意識の革新が起きてこそ、伝統が生きた形で伝えられていくのだ。

我々の天真体道も皆が自信をもって絶えず進歩、進化してほしいので、柳生家が四百年以上継承してきた新陰流のエピソードを借りた次第である。
新陰流転会《まろばしかい》二十二世渡辺忠成先生には、ごく短期であったが天真館道場へおいでいただき、ご教授賜ったことが懐かしい。

道を歩むことで一番大切なことは、集中し切ることでも、楽しむことでもなく、とにかく止めないこと、続けることである。それを決して忘れないでほしい。

（1）上泉信綱：戦国時代の兵法家。剣聖と讃えられる剣豪の一人で、新陰流の祖。一時期の武家官位名を添えた上泉伊勢守という名でも知られる。
（2）柳生石舟斎宗厳：戦国時代から江戸時代初期にかけての武将。新陰流の兵法家。本人は生涯自身の流派を新陰流と名乗ったが、柳生流（柳生新陰流）の流祖に位置づけられることもある。

第三部　天真体道の実技

LeCiel 財団主催「ホリスティック・ビジョンズ・シンポジウム」
オープニングセレモニーにて、参加者全員による「天真一法」(2018 年、スペイン・バルセロナ)

第八章　天真体道の基本実技

武道の極意をやさしくつかむ

体を使う世界は、真理を発見してゆく世界でもある。

武道の極意には、真理にたどり着くための知恵と秘訣が凝縮されている。しかし、それを体得していくのは簡単ではなく、膨大な時間や体力、精神力を要するものであるが、現代においては、とてもそんな時間も体力もないという人の方が多いのではなかろうか。そこで、武道の極意を誰でも短時間でやさしくつかむことができ、体得できるものとして創案したのが天真体道である。

なお、武道では「姿勢をまっすぐにして下腹に力を入れて相手を睨みつけ対決に臨む」「腕立て伏せ、腹筋増強など筋力を鍛えて組手に臨む」「力いっぱい筋力を奮い立たせて相手を屈服させる」「脇を締めて突きをねじり込む」などといった考えがあるが、これらは実際に利く技にはつながらないので、武術的迷信ともいえる。真理探求のためには、こうした先入観や錯覚をかき分けて進んでいかねばならない。

そもそも武道の型とは、ある定められた規則、順序に従った体の動きであり、その思想や理念が提示されるものである。当然のことながら天真体道の型にも、その思想や理念が表現されている。目や頭で理解するものではなく、実際に体を動かし、自然そのものである体で習得していくのだ。

天真体道を理解し、伝えるには、型を学ぶ方法がもっとも近道である。

本書では天真体道の実際の体技について、その大基本（もっとも基本になる稽古体系）

を簡潔に紹介する。より深く修得したい方はぜひ指導者から直接学ぶことをおすすめする。

天真体道には、［天真五相（正・大）］と［栄光（正・大）］という基本的な二つの型があり、これに沿って稽古が展開される。

［天真五相］と［栄光］の型を学ぶにあたり、重要なのが「天相」と「証光」である。ここで説明を付け加えよう。

［天真五相］と［栄光］の型の動きのなかで、天を仰ぎ、両手両腕を天空に伸ばしきった姿を「天相」という。自分の生命の限りを尽くして、ひたすら真理を求める姿であり、理想や希望を追求していく姿である。［栄光］では、「天相」から両手両腕をゆっくりと体の正面に向けて下ろし、伸ばしきる。この姿を「証光」という（「証光」の詳細は150ページ参照）。

天真五相

［天真五相］のテーマは、自己を見つめ、自分自身の能力を開発することである。そのうえで天真（第一章 19ページ参照）と人との融和を目指し、呼吸力や気を強化させる型である。

「天真」という言葉には宇宙の真理という意味があり、また、いつわりや附加物のまったくない本当の自分自身の姿、おおらかな自由な境地という意味もある。「五相」というのは、もともとは密教の言葉である。密教の一番中心に大日如来という御本尊があり、これは宇宙の根源と一体であると考えられている。修験道の人々が大日如来の印を結んで、自らを大日如来に帰一せしめて修行するのは、宇宙との一体を目指しているからである。宇宙の中心、本質そのものである御本尊の五つの見方（あらわれ方）を「五相」という。

人間が、不純なもの、不要なものを全部捨てきって本来の自分自身にかえった時、宇宙の中心であり、根源的な真理であり、神とも呼ばれる存在と一致する。そして、「真の自己」「本質そのものに至った個」が、型によって変化しながら表れる。その表れ方を「天真五相」というのである。

すなわち、千変万化する大宇宙であり、自己であり、生生流転極まりなき世界を表しているとも解釈できる。

「天真五相」には「正」と「大」がある。両方とも本質的には同じだが、稽古する便宜上、気持ちは少し抑えられても型を忠実に守っておこなう「正」と、むしろ型は少し崩れても気持ちを開放して伸び伸びとできるだけ大きくおこなう「大」とに分けられる。「正」ばかりではなかなか気持ちが開放されにくいし、逆に「大」だけでは型が崩れやすいので、両方を交互に稽古するのが望ましい。

本書では「天真五相」の「正」の手順を紹介する。

「ウン」から始まり
「ウン」に帰る。

オ
オ
オ
オ
包容・奉献
天真
まとめる・育てる
イ
イ
イ

なお、〔天真五相〕は五相という言葉から「五つの型」で構成されていると思われがちだが、型は五つというより、循環しつづける一つの大きな流れ・動きとして理解してほしい。動きの早いところ、緩やかなところ、あるいは激しいところ、穏やかなところという違いはあるが、精神的・肉体的な動きにおいて決して止まることのない一つの大きな流れなのである。

〔天真五相〕の「ウン」の型は、肉体的な動きは止まっているように見えるが、精神的には奥へ奥へと沈潜しつづけている。

「ア」の型も、天に伸びきった「天相」が「ア」であると考えてはならない。「ア」は「ウン」で閉じていた両手をスーッと後ろに開き、心身を大きく開放し、上体をそり返らせつつ全身で両手を上方へもっていき、ついに天相に至る。その一連の流れ、動き全部が「ア」である。

同様のことが「エ」でも「イ」「オ」でもいえる。

したがって、一連の流れ、動きである天真五相の一部分である「ア」「エ」「イ」「オ」「ウン」も流れていくもの、止まらないものとして理解しなければならない。

・なお、［天真五相］は発声しながらおこなう場合と発声しない場合がある。それによって呼吸も当然変わるので、あまり呼吸にとらわれないように。

・［天真五相］では、「ウン」以外は目を開ける。

天真五相「ウン」

無、暗闇、大地
暗黒の世界
母の胎内
内なる力

手順：

心も体も全部閉じる。両足を閉じた姿勢でまっすぐに立つ。眼を閉じて顔は少しうつむく。少し慣れてきたら顔は正面に向ける。左手の親指を軽く右手で包み込み、右手の四指を左手指で軽く握る。この時、両手は触れるか触れないかくらいに柔らかく握るのがコツである。

イメージ：

体中の力を抜き、ゆっくりと息を吐きながら、気持ちを体の下の方に下ろす。頭↓首↓肩↓胸・背中↓腹・腰↓腿↓膝↓足首↓足の裏↓地中というように気持ちを落としていく。自分の中にある深い心の世界を目指して、そこに心を沈めていこうとイメージするのもよい。そして、ついに一つの点になる。

最終的にはそれもなくしてしまう。完全な「0（ゼロ）」の世界であり、限りなく「1」の世界でもある。

ワンポイント：

・「ウン」は、少しうつむいた姿勢で、頭を深く下げすぎないように。

天真五相「ア」

誕生、空、天
開放された広がり

手順：

上体は大きく柔らかく後ろに反らし、両手を大きくゆっくりと体の両側から後ろへ広げていき、次第に後ろから上方へ伸ばしていく。できるだけ後ろの方から上方へと上げていくのがよい。手を天に向かって伸ばすと同時に、腿も腰も腕も、体全体を天に伸ばしきる。

イメージ：

「ウン」の状態から一気に存在が発する。生命の誕生である。「ア」の最初の部分は一つの出発を表す。花の開く様子を微速度撮影の画像で見ると、固く閉じていたつぼみがポッとほころんだかと思うと、すぐにフワーと開いていく。そのようなイメージで手を開こう。目も足も、体全体を柔らかく開く。一度

生まれ出たものは、それ自身の生命力によりどんどん成長する。
　周囲の大自然、大宇宙を信じきってすべてを任せ、心も体も十分に開く。「ア」はすべてを信頼し、自分を開放し、恵みを受ける型である。

ワンポイント：
・はじめに手をいったん前方に突き出してから後ろにもっていく人がいるが、手首は外側に回転しつつ、すぐに横から後方にもっていくように。
・両腕を真上に伸ばした時、首や肩に力を入れすぎると立ちくらみが起きて危険なので、首は後ろの方に少し引き、ゆとりをもたせるとよい。

天真五相「エ」

開拓、意志、覚悟

手順：

肩を下げ、手は上から下へ、後ろから前へ、内から外へ向かって、らせん状に切り開いていく。

後半では、前方へ斬り込んでいく要領で、横よりもむしろ前方に力を集中した方がよい。視線を遠く、肘は少し外に張り、小指から掌底(手の平)部、前腕部、肘全体を使って、目の前の空間を切り開いていく。

「エ」の最後でも、肩は下げ、肘は外側に軽く張り出して、腕は伸ばしきらないこと。

イメージ：

「エ」は、天相で学び、体得してきた理想・真理をもって、自分の未来や可能性を自ら開拓する、あるいはなにか困難な問題があった時、自分で解決する意志や覚悟をつくり上げる型である。消極的で弱

気な人は、「エ」を集中的に練習することによって、積極的な性格になってくる。

ワンポイント：

・「エ」の後半で両手を横へ広げすぎると、せっかくの力が分散し、抜けてしまうので気をつけること。

天真五相「イ」
まとめる、統治
育てる、高める
伸ばす

手順：
「エ」から両腕をさらに少し開きながら腰の方へ引きつけ、「イ」に入る。腹部前方、下方を押さえつけるよう、かつ盛り上げるように両手をもっていく。左右の親指、人差し指を向かい合わせるようにしながら両腕を前方上へ伸ばす。

イメージ：
「イ」の前半では、次世代の人たちを指導し、まとめる力を養うことを目的とする。また、その力自体を表現している。
後半では、彼らの進むべき方向へ正しく導く、伸ばすイメージで。
最後の部分は、いつになっても、どんな時でも、志を高くもち、夢をあきらめずに育てていく姿を表

している。腕をしっかり前方上に伸ばして遠くを見つめるように。

ワンポイント：

・「エ」から「イ」に移行する際、腕を大きく横に広げすぎて、力やエネルギーを外に逃がさないように気をつける。

天真五相「オ」

包容、すべてを受け容れる
融和、愛、献納、奉献

手順：

「イ」の最後で前方上方に伸ばしていた手を上横にサッと開く。次いで手を大きく前方から横上へ、横からさらに後ろへ開く。両腕、両手は大きく斜め後ろから下ろしていくが、上体は反り返らないよう気をつける。上体を後ろに反らせると、どうしても受け身になって「ア」のようになるので、頭もやや前方へ出し、しっかりと前を見つめつづける。

「オ」から「ウン」に移る時、右手の甲を左の手の平の上に重ね、両手をすべり込ませるようにしつつ、両の手の平が自分の腹部に向くようにしながら、最初の「ウン」の型に帰る。

イメージ：

自己の大いなる完成、集大成である。愛をもって

すべてを受け入れ、赦し、包容し、融和していく。
「オ」の後半では、すべてを宇宙の中心にお返しする、献納・奉献する姿を表す。そして最後には元の無であり空である「ウン」の状態に帰る。それはまた、次の始まりへの準備段階である。

ワンポイント：

- 両腕は、斜め後方から下方へゆっくり大きく下ろしていくが、あくまでも指は上向き、手の平は横、または斜め後方に向く。

栄光

天真体道の大基本の、もう一つが［栄光］である。

［栄光］のテーマは、神、真理、道、理想、希望、祈りなどである。同時にまた、閉ざされた狭い自分の世界から抜け出し、新しい開かれた世界、道の世界に飛び込んでいくことも含まれる。天真との融和を図り、自己を解放し、さらに一歩前進することが学べる型である。

［栄光］にも「正」と「大」の二つがあり、ここでは［栄光］の「正」の手順を紹介する。なお、声を出して走りながら「正」をおこなうのが「大」である。

［天真五相］の項（133ページ参照）でも述べたとおり、天を仰ぎ、両手両腕を天空に伸ばしきった姿を「天相」といい、「天相」から両手両腕をゆっくりと体の正

面に向けて下ろし、静止した姿を「証光」という。「天相」から「証光」に動く過程では、両手両腕を刀と想定して、まさに刀を斬り下ろすように刃筋を意識しておこなう。この過程は、隣人への限りない愛の象徴であり、奉仕であり、働きかけを表している。

聖書に、「心を尽くし、精神を尽くし、思いを尽くして、あなたの神である主を愛しなさい」（第一の掟）、「隣人を自分のように愛しなさい」（第二の掟）（マタイ22章36~40節）という教えがある。［栄光］という大きく単純な一つの動きが表しているのは、まさにこの教えである。

栄光（正）

神、真理、道
理想、希望、祈り

①左手の親指を軽く右手で包み込み、右手の四指を左手指で軽く握る。目は軽く閉じ、両足を揃えて立つ。（天真五相「ウン」と同じ要領でおこなう）

②右足を開きつつ両手を開き、両腕を天に向かって高くまっすぐ上げる。（天真五相「ア」と同じ要領でおこなう）

③両腕を真上に伸ばした状態で、右足をいったん左足に近づける。気持ちは途切れさせないように。両腕を真上に伸ばし全身を天空に伸ばしきった姿を「天相」という。

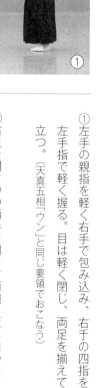

④視線を真上よりはるか前方へ移しつつ、激しく「エイッ」という気合いとともに手を開いた状態で、天地を真っ二つに断ち切るつもりで両腕を振り下ろす。振り下ろす手とともに右足を一歩前に出し、左足を引きつける。この静止した状態を「証光」という。

［栄光］の稽古風景

天真一法

［天真一法］は、二〇一六年に新たに加わった型である。

［天真五相］［栄光］の二つの覚醒系の基本実技（大基本）と、後述する十位瞑想法や、瞑想組手である［ワカメ体操］や［ヒカリ体操］など深い瞑想系の基本実技をつなげる役割をもつ重要な型である。

［天真一法］は自分の体を筒のようにして、神のよりしろとする技法である。大宇宙の大いなる生命エネルギーを頭上より全身で受けとめ、体に滞る負のエネルギーをすべて地球の中心に落とし込む。体全身を浄化し、鎮める型である。天真一法の後に瞑想をおこなうと非常に深く入りやすくなる。

天真一法

無限、感謝、浄化

①左手の親指を軽く右手で包み込み、右手の四指を左手指で軽く握る。目は軽く閉じ、両足を揃えて立つ。（天真五相「ウン」と同じ要領でおこなう）

②右足を開きつつ両手を開き、両腕を天に向かって高くまっすぐ上げる。（天真五相「ア」と同じ要領で）我々の地球は大いなる宇宙に漂っているので、天真エネルギーは全方向に満ちているといえるが、この型においては頭上に広がるものとして大空を見上げる。

③両手の平を下に向け、左手を上、右手を下にする。頭上に満ちる大宇宙の生命エネルギーを思い、両手で十分に受けとめて抱え込みながらゆっくり両手を下ろす。この時、体全体を筒のように想像し、

足元には根がビッシリと生え、頭上からすべてを通り抜けて大地の奥底、地球の中心まで天真のエネルギーを送り込むイメージでおこなう。

④下ろしきったら、両腕を大地に向けて軽く開く。天真一法は、全身を「神のよりしろ」、聖書的にいえば「ヤコブの梯子(※)」になるイメージでおこなう。

　慣れてきたら、逆に大地から気を吸い上げて天に放出させる。全身が金網でできているイメージで、体内の気と全身を取り巻く気を自由に交換してみよう。型の細部にあまりこだわらずに。フレッシュな発見があるだろう。

(※)地上から天国に通じる梯子あるいは階段を指す(旧約聖書　創世記28章10~12節より)

天真体道における瞑想とは

ある一点に意識を注ぎきることを「集中」という。その集中を一気に拡張し全方向に集中した状態を「統一」という。天真体道では、その状況を獲得するための手法を「瞑想法」と呼ぶ。

夜、暗い部屋で線香なり小さなローソクなりを置いて、合掌のポーズをとり（「十位瞑想法」金剛位163ページ参照）、ローソクの光に全神経を注いで見つづけるうちに、自分の周囲に気持ちが拡張される瞬間がある。このような状態を「統一」という。

天真体道では、静かに坐っておこなう「静の瞑想」と、一人で、あるいは複数の人と組んで体を動かし、さまざまな体技を展開しながらおこなう「動の瞑想」がある。「静の瞑想」としては［高速深層瞑想法］という瞑想法をおこなっている。具体的な方法を説明すると、頭の頂点に集まっている気を、首・胸・腰・下腹から太もも、すね、ふくらはぎ、足首、足の裏からさらに大地の奥底に下ろしていく。それを二度三度と繰り返していくと、すっかり心身の力みが下へ抜け落ち、短時間で非常に深い精神統一状態（瞑想状態）に入ることができる。大いなる命の根源である無の世界を確立する強力な瞑想法である。

本書では一人でおこなう「十位瞑想法」と、二人で組んでおこなう「瞑想組手（ワカメ体操、ヒカリ体操）」を紹介する。これらは、前述の「高速深層瞑想法」のような深い瞑想状態に入るための「動の瞑想」であり、人との融和を実現させる楽しい組手である。

十位瞑想法

空手の拳《こぶし》を追求していた時、拳の形を少し変えるだけで相手への打撃が大きく変化することに気づいた。

そこで、体の動作の変化により精神世界が開ける可能性を考え、修験道、道教などの印を研究し、十種の型で構成される［十位瞑想法］を開発した。この瞑想法は、魂の成長を促すための瞑想法で、祈りの型でもある。

十位瞑想法

1　帰一位

この世の中すべてを包容する神や仏は私たちとともにあり、私たちもまた、その全世界を包容していて、すべては一に包容されている。

2　放光位

私たちの心の奥底にある愛の光を静かに放つと、光は徐々にその大きさ強さを増し、体内から溢れ出し、やがてその愛の光はすべての人を包容し、世界中に広がっていくだろう。

3　照世位

聖なる慈愛の心をもって世の人々を照らそう。小さな愛をもって身のまわりを照らすだけでよい。みんなが一本ずつ愛のローソクを持てば、世界の隅々まで照らすことができる。

4　天頂位

この世のあらゆる欲を忘れ、全身全霊を注ぎ込んで天の大いなる存在を求めよう。天を吹き抜け、はるか宇宙のかなたまで無限に気持ちを伸ばしつづけよう。

5　金剛位

目を見開き、遠くの一点に全力集中し、強い集中力を養えば、あらゆる夢を叶えることができる。合掌した両腕のなかに大きな宇宙を感じよう。

6　献花位

人を慈しむ心を花にたとえ、その花を周りの人々に、そして全世界に与えよう。全身全霊で真心を世界中の人々に分け与えよう。

7　献身位

自分が必要としている行為に身を捧げるのではなく、私たちを必要としている人々のために、そして世界のために、私たち自身を捧げよう。たとえ無名の小さな人生でも、私たちのこの人生を天と社会と人々に捧げよう。

8　望郷位

遠く離れた異国の地で、故郷を懐かしく思うように、自分が生まれる前に住んでいたところを思い描こう。私たちの魂は、一生をかけて、肉体がこの世に生まれる前にいた大いなる根源を追い求めるのだ。

9　浄心位

心を極限まで研ぎ澄ませ、清らかにしよう。赤子の心をもったまま日常生活を送ることは簡単ではない。しかし、ひとときであっても心を清らかにし、静かで平和な気持ちを味わおう。

10　無相位

この世のすべてのものは、大いなる混沌から生まれた。その大いなる混沌の根源である無を超えた背後に「絶対無」の世界がある。私たちの存在の一切を無に帰し、絶対の空と融和し、さらにそこを超越した世界、すなわち「華厳世界」となればよい。

天真体道における組手とは

そもそも組手というのは、武道における戦いのための訓練法であったが、対立しあう者とのギクシャクした人間関係を調整するために非常に役に立つものでもあった。それ故に、天真体道の組手は二者の戦いから和合に至る体技ととらえ、習得するのである。

本来戦い合う二者が激しい組手の後に不思議なほどの一体感に到達することがある。瞑想組手（ワカメ体操、ヒカリ体操）は、その一体感を求め、働きかける方と受ける方が互いにその役割を交代しながら二者の一体感を獲得していく。

無住心剣流の針ヶ谷夕雲《はりがやせきうん》は、完全な無の境地に達した者同士が斬り合った瞬間を「あいぬけ」と呼び、流儀最高の極意とした。

［瞑想組手ワカメ体操］と［瞑想組手ヒカリ体操］は、ともにお互いが無念無想の境地となり、人との融和を実現させる組手型である。

瞑想組手ワカメ体操

［瞑想組手ワカメ体操］は、応用・自由組手の一つである。

武道の激しい稽古の末に生まれた、天真体道独自の動く瞑想法である。リラックス、深い精神統一、集中力などが楽々と得られる。

一人でおこなう「一人ワカメ」、二人でおこなう「二人ワカメ」、多人数でおこなう「集団ワカメ」などがある。ここでは、二人組の［瞑想組手ワカメ体操］を紹介する。

瞑想組手ワカメ体操

①

②

①まず相手と向かい合って立ち、正立する。体の重心を下ろし、気持ちを鎮め、無念無想になる。

なお、正立とは、まっすぐに立った姿勢よりも、やや腰を後ろに引き、上体を前に出し、重心が土踏まずの真ん中に落ちるようにする姿勢である。頭はまっすぐに立て、目は自然に開いて、相手の全身を見るようにする。この時、力み、緊張、疲れなどを感じていれば、それらが首、肩、胸、腰、腿、すね、足首、足の裏を通って、足元の大地に奥深く下りていくようイメージする。力みや緊張がなくなると、静けさが訪れ、次第に無念無想に引き込まれる。

②お互いの気持ちが十分に鎮まったら、相手へ深い敬意を込めて互いに礼。

③

③お互いに深い海の底にいることを想像し、一人は海中のワカメ、もう一人は揺らめく海の水になる。海の水になった人は、片方の手の指の腹で、ワカメ役の人の胸、腹、脇、腰骨などをスーッと海の水が通り抜けるような感じで柔らかくゆるやかに押す。

この時、押す人は自分の体の奥から、海の波がゆっくりと押し寄せていくように「気」を送りながら相手を押す。「気」が相手の体内にこもらず、後ろに抜けていくように押すのがコツである。相手にとらわれず、のめり込みすぎることなく、押す時は三回に一回くらいは相手のはるか後方に目をやるようにする。無心で押すことが大切である。

受ける人は、ワカメが海底に根を固着させ、波の揺らめきに、ただゆらりゆらりと身を委ねるように、海の水が優しくゆるやかに自分の体を通り過ぎていくようなイメージで受ける。全身の力を抜いて身も心も、押す人に委ねきってしまうことが大切である。海の水のリードのまま、揺らめいては自然にスーッと元の正立に戻る。数回おこなったら、海の水とワカメの役を交替する。

④双方終わったら、①の位置に戻り、お互いに礼をして戻る。

回数を重ねるごとに集中力が増して、流れるような美しい動きのある組手になる。

瞑想組手ヒカリ体操

「瞑想組手ヒカリ体操」は、応用・自由組手の一つである。形の上では、かけ手（リーダー）が受け手（フォロワー）の攻撃をさばいていく組手練習である。

相手の攻撃より一瞬早くこちらが引くことによって、相手の気持ちと力をどこまでも導く。これをおこなうと受け手のもっている悪い気が放出され、受け手は素晴らしい恍惚感を体験できる。ゼロ化の局地を実感できる天真体道の稽古の白眉である。

「瞑想組手ヒカリ体操」は言葉で説明することが非常に難しい、上級者向けの稽古なので、詳細は直接指導員から学ぶとよい。

瞑想組手ヒカリ体操

②

①

※①と②はワカメ体操と同様

①相手と向かい合って立ち、正立する。体の重心を下ろし、気持ちを鎮め、無念無想になる。

頭はまっすぐに立て、目は自然に開いて、相手の全身を見るようにする。この時、力み、緊張、疲れなどを感じていれば、それらが首、肩、胸、腰、腿、すね、足首、足の裏を通って、足元の大地に奥深く下りていくようイメージする。力みや緊張がなくなると、静けさが訪れ、次第に無念無想に引き込まれる。

②お互いの気持ちが十分に鎮まったら、相手へ深い敬意を込めて互いに礼。

③手と手を軽く合わせて立つ。一人がかけ手（リーダー）、もう一人が受け手（フォロワー）となり、かけ手が引く動きでリードし、受け手は全身の力をすっかり抜いて身を任せ、心は無念無想にして、かけ手のしかける技・動きについていく。数回おこなったら、かけ手と受け手の役を交替する。

④双方終わったら、①の位置に戻り、お互いに礼をして戻る。

第九章　天真体道の各種稽古

天真体道の名称と種目

現在使用している「天真体道」の名称は、「天真思想」を基盤に開発した稽古各種の総称としており、「天真体道（旧「新体道」）、剣武天真流、二刀天真流、天真書法、天真講座（瞑想法）」が含まれている。

したがって、総称としての「天真体道」のなかに、一つの種目としての「天真体道」クラスも含まれるわけである。

ここでは、各種目を簡単に紹介する。

天真体道

合気柔術、空手、棒術、剣術などさまざまな伝統武術や瞑想法を研究し、それらのエッセンスを統合してさらに時代に即した新しい武術体技として創始したものである。その基本的な型や動きを第八章で紹介したが、すべては人間の自然性を復活させ、人間に本来の神性をよみがえらせるための体技である。

「天真の真理」を「体技で受け入れる新しい方法」として画期的なメソッドであり、実に際立った受け入れ方法であると確信している。体によって、「道」を学ぶためのものである。

※総称としての「天真体道」の詳細については第一部、第一章「天真体道とは」（19ページ）参照。

武術的な形をとった天真体道の体技は、すべて伝統的な形をしているが、実は現代人の心身を見つめて創始した前衛的な武術である。

古代は戦いのためのツールだった武道の技を、現代人に必要な心身の健康を促進し、コミュニケーション能力を高め、幸せな人生を自ら切り拓き、さらには大自然・大宇宙とつながるためのツールへと変容させたのが天真体道である。

天真体道クラスでは、天真会のすべてのクラスの共通の母体である「天真体道」の大基本の教え、動き、型を丁寧に教えている。

天真体道稽古風景

剣武天真流

剣武天真流は、天真体道の動き、型、思想を母体として、日本の武道の長い歴史が育んだ諸流派による古武術のエッセンスを統合し、さらに柔らかく美しく剣で舞うボディアート的表現を統合させて生まれた剣術であり、居合抜刀術である。二〇〇八年に定例稽古を開始した。

剣武の特徴は、世の中を明るく浄化する型や技、柔らかく剣で舞うような芸術性豊かな表現であり、たとえば、祓《はら》いの型である［四方荘厳《しほうしょうごん》］と［天地両断］は、天真と融和一体化し、世界の平和と浄化を願い、またそれらを自らの心身に具現するためにできた典型的な祈りの型である。

一般に「居合」「剣術」「武道」というと、どうも意識が固くなりがちだが、技と

天真体道 本部主席師範 望月ウィウソン

いうものは、たとえ格闘技でも野球でもゴルフでも水泳でも、柔らかく流れるような動きでなければ、よい結果は出ない。

剣武天真流では、柔らかく美しい動きと最新の能力開発法を総合的に学ぶことで、美しい流れをもった自然の動きや技の効きが得られるようになる。

湾刀（反りのある刀）を使う体技には、心身の統一、集中、気の流れ、円転の動きなどをつかむための非常に優れたものがある。また、刀が教えてくれる自然の動きを稽古すると、不思議な快感が得られるのだ。

剣の道を学ぶことにより、古代からの日本人の死生観を学び、体技に留まらず、人生の思想哲学をも深めるきっかけとなるだろう。

現在は日本のみならずフランス、イタリア、イギリス、ブラジル、フィリピン、ネパールなど世界各地で学ばれており、剣武を通して多種多様なバックグラウンドの道友と国際交流できることも魅力の一つである。

（上）
剣武天真流
本部正師範５名

（中・下）
剣武天真流 国際合宿

二刀天真流（女性専科）

二刀天真流は、剣武天真流から生まれた女性のための現代二刀剣術である。私の任命で剣武天真流本部正師範のモチヅキ吉田倫子が開発した、天真体道のなかでは新しい分野である（二〇二〇年に定例クラス開始）。

二刀天真流も、剣武天真流同様に天真体道の動き、型、思想を母体として編成されているため、柔らかく剣で舞うような芸術性豊かな表現を特徴としている。

二刀流は、剣術家宮本武蔵（一五八四？～一六四五）であまりにも有名であるが、もともと諸流儀に存在している。二刀天真流の稽古では、木刀の中刀、小刀を使用しているが、左右の刀を一体化させて動くため、習熟すると剣技として陰陽一体の型が生み出され、絶妙なものになる。

基本的に女性の体は男性よりも柔らかく、気の流れが美しく、呼吸も静かなので、攻撃技、受け技に関しても、激しい攻防ではなく、息の合った体技の表現として非常に流麗なものである。筋力に頼らない動きを養い、体を動かすことの心地よさをエンジョイしながら母なる大地のような受容性を育み、生命力を高め、「いのち」の本質に還ることを目指す二刀天真流は、女性の感性・可能性・自然性を豊かに引き出し、発揮できる体技である。

二刀天真流 本部正師範 モチヅキ吉田倫子

もともとは剣武天真流の女性会員が弐段になったら学ぶことができる［三〇本の二刀組太刀の型］を編成したところから始まったが、開発の段階で段級にかかわらず初心者から学ぶことができるよう稽古内容が改定された。音楽に合わせておこなう団体演武型などを含め、現在も進行形で新たな型が生まれている、可能性を秘めた二刀剣術である。

（上）二刀天真流 組太刀
（下）二刀天真流 団体演武

天真書法

天真書法においては、武道的体技と形は異なるが、精神はまったく同じであり、天真体道を母体に書法に応用し、二〇〇二年に開発したものである。
天真書法塾の学習内容は、中国古来より伝わる正統的な書法を基盤にしている。

天真書法塾は書道塾とはいうものの、字形の正しさを追い求めるのではない。古人が遺した言葉で「書は散なり」という有名なものがあるが、「散」とは「解放」であると解釈する。書を通して誰もが自由になり、ついには本来の自分自身に到達することを目的としている。

【天真書法の特徴】

一、天真思想という大きな精神宇宙思想をすべての基盤としている。これにより塾生は心を浄め、魂を磨き、霊性を高め、意識を拡大することができる。

二、授業の始めに［天真柔操］［瞑想］［天真五相］［栄光］など「天真体道」の基本の体技をおこなう。これにより力みが取れ、血行が盛んになり、体が丈夫になり、集中力が強化される。そして理想と現実が次第に一体化する。

三、歴史上の古典名作に直接取り組む方式をとっている。これにより、崇高にして天分豊かな天才、名人たちの書法を自分のものにすることができる。

四、初めから創造性や立派な書を書くことを要求することはなく、ひたすら古典名作の臨書に徹する。これは一〇〇〇年、二〇〇〇年、三〇〇〇年と生き抜いてきた古典のもつ、最高の技法と永遠の生命をたっぷりと学びとるためである。

著者が引いた23,000本の実線

（上）生命の実線
（右）雪の出羽三山 羽黒山
「五重塔」前で揮毫（2008年）

【天真書法塾の学び】

天真書法塾では基礎科に入門し、まず線を引くことから学ぶ。体幹も筆もまっすぐに立て、筆を十分に上げ下げし、天の気の通りのよい線をひたすら引いて体に覚え込ませる。

その後、本科に進み、約三六〇〇年前の甲骨文字から草書までの古典的な十書体を、手本通りに書くことを学ぶ。

本科修了後は①伝統的な書道、②個性溢れる自由な芸術書道、③永遠の深みをもつ墨蹟《ぼくせき》、④健全にて知性豊かな教育書道など稽古が体系づけられ、一人一人の個性を生かした道を選び、同時に自由書への研究も深めていく。

楷書の大家の一人と称される柳公権《りゅうこうけん》（七七八〜八六五）は、彼から書を学んでいた唐朝第十五代皇帝の穆宗《ぼくそう》（七九五〜八二四）が、「もっとよい字を書くにはどうしたらよいか」と尋ねたのに対し、「心正しければ筆正し」と教えたという逸話がある。

これは「あなたの心が天地に吹き抜け、天真と融和し、よい政治をおこなっていれば文字もそうなります」と言いたかったのだと解釈する。

このような考え方を大切な教えとして学びながら、研鑽していくのが天真書法塾の稽古の在り方である。

天真講座（瞑想法）

天真講座（旧瞑想カレッジ、アオキメソッド）は、天真体道を瞑想に応用し、二〇〇四年に開講したものである。

天真講座では、毎回さまざまな分野（宗教、哲学、文学、芸術、歴史、国際政治、心理学など）の講義で学びを深め、体を動かす「動の瞑想」、椅子に座っての「静の瞑想」

天真講座授業風景

をおこない、それぞれの組み合わせにより、より深い瞑想の世界を体験できるようにしている。

［高速深層瞑想］［前世瞑想］［疲労回復、癒しの瞑想］［活力増強瞑想］などさまざまな瞑想法を指導しており、近しい方々への遠隔ヒーリングなどもおこなっている。

これらの瞑想は心の非常に深いところ（無意識の領域）に入り、人の心を安定させ、魂を浄化し、心身を健康にし、さらに集中力を強化し、その人のもつ能力をごく短時間で開発向上させる大きな力をもつ。

内向的な性格を明るく社交的にしたり、人

間関係の改善、理由のわからぬ苦しみ、悲しみ、寂しさ、自己嫌悪、他者への不満や憎悪を解決したりすることもある。

体技（スポーツ・武道など）をおこなう人にとっては、リラックスしたり強力な技を出したりすることはもちろん、心身一如、自他一体が短期間で体感できるようになる。

誰でも家庭で簡単にできて健康づくりにも役立つこの瞑想法は、続けていると硬くなった体がほぐれ、天地の深い真理に溶け込むことができる。ひっそりと自分の心の内側に入り、限りなく空無の世界が展開されることさえある。

こうした宝の山ともいえる瞑想で、参加者それぞれの人生が充実したものになるよう指導している。

おわりに――天真の体道としての方向をもって

創造的ではなくても、愛され守られているだけでも人は幸せになれる。しかし、人の命が真に輝くのは創造に燃える時である。しかも、必要としている人のために創造しようとしている時である。愛する人のために料理を作ること、これも立派な創造である。

一生懸命に人のために尽くし、そして何よりも自分自身の幸せのため、よい人生を送ってほしいのである。

道を歩むということでは、決して急ぐ必要もなければ、人と比較する必要もない。自分ができるペースで進めばよい。道を歩むうえで一番大切なことは絶対に止めないことである。

そしてこの世で我々が目指すべき最大の目標は、「無限の赦し」であることを忘れてはならない。我々が生きていることが天真に無限に赦されているがごとく、我々も無限の赦しを目指そうではないか。

他人の悪口ばかり言う人がいる。悪口は自分の霊性を徹底的に引きずり落としてしまうことを忘れてはいけない。

私は体技の実践を通してなんとかここまで辿り着いた。あなたが自らの「霊性」を高め、「思索」と「修行」と「社会実践」で得た一行をここに書き加えることにより、本書は真に命をもったものとして完成するのである。そして、あなたにとってかけがえのない世界最高の、あなたの「聖書」になるのだ。是非ともやり遂げてほしい。

すべての結論は独尊、すなわち「我生きて今此処に在り」である。「悠飛」する最後の日まで、道を進みつづけていこう。

謝辞

大学では空手、卒業後は現代人のための心身開発体技「新体道」（現「天真体道」）を創始、日本の棒術体系を創案し、世界各国での普及活動をおこないながら、七十年以上もの間、体技を通して人間の心身の解放を唱えてきました。

そして二十一年前、天真会を設立して「天真書法塾」を開塾し、その後、剣術「剣武天真流」を創始、また、集中力を養うための「瞑想教室」（現「天真講座」）を開講しました。これらの総称を「天真体道」として活動しています。

現在私は八十七歳となり、体技においてはすべてを後進に任せ、現役で一般向けに指導しているのは「天真講座」のみとなりました。

この講座では、月に一回、講義と瞑想指導をおこなっていますが、約一時間半の講義の内容を考えるのに日々追われています。資料作りの読書をはじめ、さまざまな情報を集めるためにアンテナを四方八方に張り巡らせているのでボケている暇などありません。

カラッと澄みきった明るい心で生きているのが、今の私の役割かもしれません。

ここでこの度、天真体道の主席師範となった望月ウィウソン氏にひと言、「ガンバレ！」とエールを送ります。

私が新体道の現役指導を退いた後も、ずっと組織や稽古のリーダーとして全身全霊をあげて守ってくれた、大井秀樹氏、渡章氏、石井俊充氏には心からの感謝を捧げます。

剣武天真流本部正師範の小原大典氏、望月ウィウソン氏、モチヅキ吉田倫子氏、関口仁氏、丸山貴彦氏の五名は、剣武天真流の体技を私から引き継ぎ、稽古活動に関わるすべてにおいて中心となり、全力で支えてくれています。大変ありがたく頼もしい限りです。これからもよろしくお願いします。

そして、天真会を立ち上げるところから現在に至るまでの間、組織運営のすべてを担っている事務局長の吉田晶子氏には感謝の言葉しかありません。

また、楽天会結成前より六十年以上にわたり稽古人生をともに歩んできてくれた岡田満氏には、ただただ「ありがとう」と言うのみです。

なお、故人となられた株式会社クエストの木暮優治氏、トランペッターの近藤等則氏、長年にわたり良き理解者であった上田忠氏は天真体道をこよなく愛し、応援してくれましたことをここに記しておきます。

心より感謝し、御冥福を祈るものであります。

長年月奉仕してくださったたくさんの道友、諸兄姉一人一人に心から御礼申し上げる次第です。

妻の青木悦子をはじめ、青木ファミリーの大きな支えがあったからこそ今の私がありります。

「ほんとうにありがとう」

本書を出版するにあたって、全面的に協力してくれた天真会事務局長の吉田晶子氏をはじめ、実技の写真、解説作成に協力してくれた望月ウィウソン氏、モチヅキ吉田倫子氏に心より御礼を申し上げます。

最後に、出版に際して快諾くださった地湧社の植松明子社長、編集にあたっては、ライター・エディターの則竹とも子氏に心より感謝申し上げます。

二〇二三年二月二二日

青木　宏之

宇宙観照経

一切信望　一切善成　一切学行　一切浄魂　一切奉仕　一切感謝　一切真実

一切清浄　一切平等　一切自由　一切極意　一切解脱　一切大楽　一切如来

一切虚空　一切光明　一切頌栄　一切完全　一切寛恕　一切永遠　一切荘厳

提唱　青木　宏之

【参考文献】

荒井献編訳『新約聖書外典』（講談社文芸文庫）講談社、一九九七
荒井献訳『トマスによる福音書』（講談社学術文庫）講談社、一九九四
有馬頼底『禅僧の生涯―その生き方に学ぶ』春秋社、一九九七
井上洋治著、山根道公編『遺稿集「南無アッバ」の祈り』（井上洋治著作選集5）、日本キリスト教団出版局、二〇一五
井上洋治『まことの自分を生きる』筑摩書房、一九八八
井上洋治『余白の旅―思索のあと』日本キリスト教団出版局、一九八〇
大森曹玄『碧巌録 上・下』柏樹社、一九七六
小川環樹責任編集『老子　荘子』（中公バックス 世界の名著4）、中央公論社（現・中央公論新社）、一九七八
貝塚茂樹責任編集『孔子　孟子』（中公バックス 世界の名著3）、中央公論社（現・中央公論新社）、一九七八
金岡秀友編著『和訳 理趣経』東京美術、一九九一
金谷治責任編集『諸子百家』（中公バックス 世界の名著10）、中央公論社（現・中央公論新社）、一九六六
金谷治訳注『韓非子』（一・二・三・四）、（岩波文庫）岩波書店、一九九四
鎌田茂雄『華厳の思想』（講談社学術文庫）講談社、一九八八
木津無庵編『新訳仏教聖典』（改訂新版）、大法輪閣、一九七六

共同訳聖書実行委員会訳『聖書　新共同訳』日本聖書協会、一九八七
篠原壽雄「唐代文人の佛教理解について」『印度學佛教學研究』十巻二号　六三一〜六三六頁、日本印度学仏教学会、一九六二
志村武『人生論の最高名著「菜根譚」を読む』三笠書房、一九八八
クロッペンボルグ、ジョンSほか『Q資料・トマス福音書』新免貢訳、日本キリスト教団出版局、一九九六
田口佳史『ビジネスリーダーのための老子「道徳教」講義』致知出版社、二〇一七
竹村牧男『華厳とは何か』春秋社、二〇一七
田島照久編訳『エックハルト説教集』（岩波文庫）岩波書店、一九九〇
中村璋八訳注『清朝本全訳　菜根譚』東方書店、二〇〇六
中村元『華厳経・楞伽経』（現代語訳大乗仏典五）、東京書籍、二〇〇三
南原繁研究会編『無教会キリスト教と南原繁』ＥＤＩＴＥＸ、二〇一二
パスカル、ブレーズ『パスカル冥想録（パンセ）』由木康訳、白水社、一九三八
エックハルト、マイスター『神の慰めの書』相原信作訳、（講談社学術文庫）講談社、一九八五
柳田聖山責任編集『禅語録』（中公バックス 世界の名著 続3）、中央公論社（現・中央公論新社）、一九七四
山川宗玄『無門関の教え―アメリカで禅を説く』淡交社、二〇〇五
湯浅泰雄『身体の宇宙性―東洋と西洋』（岩波人文書セレクション）岩波書店、二〇一二

剣武天真流支部道場一覧／連絡先

	支部道場名	道場長 副道場長	連絡先メール
東京都	蒼天道場	小原大典	241@kulika.com
	天正道場	曾禰田敦	10seidojo@gmail.com
	華笑道場	丸山貴彦	takahiko.warrior1029@gmail.com
	天開道場	寺﨑桂子	ashitamokeiko@earth.ocn.ne.jp
神奈川県	躰座道場	望月ウィウソン モチヅキ吉田倫子	karadaza.mail@gmail.com
	俊風館道場	石井俊充	t.ishii@lily.ocn.ne.jp
群馬県	円厳道場	関口仁	shinsei@asahinet.jp
石川県	おにやんま道場	深井春雄 坂下普志	haru61-1@nifty.com
大阪府	天空道場	小林哲雄	ko-tetsuo@m4.dion.ne.jp
フランス	Kenbu Institut	Joël MUCCI Delphes GENTIT	kenbuinstitut@outlook.com
	Akayama Dojo	Philippe DOUTY	philippe.douty@gmail.com
	Hakuryu Dojo	Georges MILLET	papengue@hotmail.fr
	Gekkokan Dojo	Jean-Yves MICHEL	jeanyvesmichel@free.fr
	Heiwa no Ken Dojo	Jean-Paul MADIER	jpmadier@free.fr
	Les Renaissants ～ Yomigaeri no Dojo ～	Bertrand MARIGNAC	bdomarignac@gmail.com
	Tenshin no Kokoro Dojo	Jean-Michel Chauvin	jeanmi.chauvin@gmail.com
イタリア	Kenbu Tenshin Ryu Italia ～ Ki no Nagare ～	Giuliano Delle MONACHE	demogo@libero.it
イギリス	Kooki Dojo	Beatrice BOIVINEAU	beatrice.boivineau@gmail.com
ブラジル	Karadaza Dojo Brasil	望月ウィウソン モチヅキ吉田倫子	karadaza.mail@gmail.com

※情報は2023年3月現在のものです。今後、変更される可能性もあります。

天真書法塾支部教室一覧／連絡先

	支部教室名	師範名（雅号）	連絡先メール
東京都	シャンバラ教室	小原李紗（蘭禅） 小原大典（天迅）	ise@kulika.com
	玄妙教室	宮野仁美（玄妙）	infinity5831583@gmail.com
	翔月教室	松尾和子（翔月）	kazuchan-.1210@ezweb.ne.jp
	雪碧教室	小寺かをる（雪碧）	koteralovekaoru@docomo.ne.jp
	書歩文化教室	林宏枝（如仙）	hiroe.h.632n@ezweb.ne.jp
	阿藍教室	中谷ハルナ（阿藍）	HQM01267@nifty.com
	風調教室	寺﨑桂子（華祥）	ashitamokciko@earth.ocn.ne.jp
神奈川県	咲蓮教室 雄峰教室	菅原裕子（咲蓮）	yuyu.shoren@gmail.com
	横浜爽興教室	早川博行（爽興）	hayaake@jcom.zaq.ne.jp
	白炎会教室	石出佳代子（白炎）	okayoi@yahoo.co.jp
	北鎌倉稜雲教室	小西基敬（稜雲）	m37konishi@jcom.zaq.ne.jp
	白水教室	前原多水恵（白水）	maeharatazue@gmail.com
	始流教室	榎本信二（始流）	1450-.-shiryuu-.-@au.com
	天朋会教室	下藤陽介（天山）	tenzan.yoho@gmail.com
埼玉県	虹風教室	本田貴子（虹風）	kofu.angelica@gmail.com
群馬県	珠利教室	関口利江子（珠利）	ciurishuri@gmail.com
山口県	柳井晃安教室	時藤稔晃（晃安）	tokifujitoshiaki1953@yahoo.co.jp
	たまり庵教室	玉里奈穂美（瀑彩）	dolmatamari@icloud.com

※情報は2023年3月現在のものです。今後、変更される可能性もあります。

【著者紹介】

青木宏之（あおき ひろゆき）

1936年、横浜市に生まれる。武道家。ボディアーティスト。書道家。

中央大学法学部入学と同時に空手部に入部。在学中二期連続主将、日本空手道の江上茂に師事。流儀最高段位に推挙されるも辞退。1960年代に、柔道をはじめ空手道や合気柔術をベースに現代人のための心身開発体技「新体道（現「天真体道」）」を創始。「日本の棒術」体系を創案。その後、人間性開発のための居合抜刀術「剣武天真流」を創始、指導。世界各国の会員が学んでいる。

また、上海大学認定中国書法学院師範科卒業、師範資格取得。中国古典碑帖手本をベースに、独自のカリキュラムを用いた天真書法塾を開塾。中国国立西安碑林博物館他、ヨーロッパ海外で天真書法塾展を開催。

現在は「天真講座」の講師として社会科学系、人体科学系の講義および体技による「動の瞑想」「静の瞑想」の指導をおこなっている。

一般財団法人天真会代表理事、剣武天真流宗家、天真書法塾塾長、天真講座講師。

著書に『からだは宇宙のメッセージ』（地湧社）、『自然なからだ 自由なこころ』（春秋社）など多数。

天真会・天真体道ウェブサイト
https://www.tenshintaido.com/
（著者詳細年表、活動記録、稽古案内などはこちらをご覧ください）

天真体道

体で学ぶ宇宙の意識

2023年4月25日　初版発行

著　　者　青木宏之　© Hiroyuki Aoki 2023
発 行 者　植松明子
発 行 所　株式会社 地湧社《ぢゆう》
東京都台東区谷中 7-5-16-11（〒 110-0001）
電話　03-5842-1262　FAX　03-5842-1263
URL　http://www.jiyusha.co.jp/
装　　幀　高岡喜久
編集協力　則竹とも子
組　　版　スマートゲート
印　　刷　モリモト印刷

万一乱丁または落丁の場合は、お手数ですが小社までお送りください。
送料小社負担にて、お取り替えいたします。
ISBN978-4-88503-263-9　C0010

からだは宇宙のメッセージ

青木宏之著

若い頃からの武道修業の末に到達した真理とは？武道を超えたからだ観を縦横無尽に語った著者原点の書。心とからだを開放し、全生命が一体であることを証明した体技文化がここに華ひらく。

四六判上製

いのちは即興だ

近藤等則著

世界中の大自然の中でトランペットを即興演奏し、地球との共振・共鳴感覚を体験してきた著者が、自らの半生と共に人生観・音楽観を語る。社会の枠に縛られず自由に生きたいと願うすべての人に贈る。

四六判上製

チベッタン・ヒーリング

古代ボン教・五大元素の教え

テンジン・ワンギェル・リンポチェ著／梅野泉訳

五大元素《地・水・火・風・空》のバランスは、あらゆる調和、真の健康、人生の深い喜び、悟りに通じる。チベットのボン教をベースに、シャーマニズム、タントラ、ゾクチェンの教えに即して解説。

四六判上製

老子（全）

自在に生きる81章

王明著

「道」とは自然界に内在する秩序であり、「道」を体得すれば、智恵も徳も慈愛も自ずと湧いてくる。中国語と日本語を母国語とする著者ならではの明快な翻訳で、老子の真意をまっすぐに伝える。

四六判上製

「老子」新訳

名のない領域からの声

加島祥造著

九〇歳を迎えた詩人が新たな境地で「老子道徳経」八一章を新訳。シンプルにしてストレート、まるで老子がすぐ隣から語りかけてくるような生きた言葉が躍り、私たちに元気と勇気を与えてくれる。

四六判並製